Vida e profissão:
cartografando trajetórias

Dados Internacionais de Catalogação na Publicação (CIP)
(Câmara Brasileira do Livro, SP, Brasil)

Mansano, Sonia Regina Vargas
Vida e profissão : cartografando trajetórias / Sonia Regina Vargas Mansano.
— São Paulo : Summus, 2003.

Bibliografia.
ISBN 85-323-0838-4

1. Adolescentes 2. Escolha de profissão. 3. Profissões. 4. Orientação vocacional. I. Título.

03-4030   CDD-155.518

Índice para catálogo sistemático:

1. Adolescentes : Escolha da profissão : Psicologia   155.518

Compre em lugar de fotocopiar.
Cada real que você dá por um livro recompensa seus autores
e os convida a produzir mais sobre o tema;
incentiva seus editores a encomendar, traduzir e publicar
outras obras sobre o assunto;
e paga aos livreiros por estocar e levar até você livros
para a sua informação e o seu entretenimento.
Cada real que você dá pela fotocópia não autorizada de um livro
financia um crime
e ajuda a matar a produção intelectual em todo o mundo.

Vida e profissão: cartografando trajetórias

Sonia Regina Vargas Mansano

summus editorial

VIDA E PROFISSÃO: CARTOGRAFANDO TRAJETÓRIAS
Copyright © 2003 by Sonia Regina Vargas Mansano
Direitos desta edição reservados por Summus Editorial

Capa: **Magno Paganelli**
Editoração Eletrônica: **Acqua Estúdio Gráfico**

Summus Editorial
Departamento editorial:
Rua Itapicuru, 613 – 7º andar
05006-000 – São Paulo – SP
Fone: (11) 3872-3322
Fax: (11) 3872-7476
http://www.summus.com.br
e-mail: summus@summus.com.br

Atendimento ao consumidor:
Summus Editorial
Fone: (11) 3865-9890

Vendas por atacado:
Fone: (11) 3873-8638
Fax: (11) 3873-7085
e-mail: vendas@summus.com.br

Impresso no Brasil

Dedico este livro
a minha mãe e a meu irmão

O que me surpreende é o fato de que, em nossa sociedade, a arte tenha se transformado em algo relacionado apenas a objetos e não a indivíduos ou à vida; que a arte seja algo especializado ou feito por especialistas que são artistas. Entretanto, não poderia a vida de todos se transformar numa obra de arte? Por que deveria uma lâmpada ou uma casa ser um objeto de arte, e não a nossa vida?

Michel Foucault

Agradecimentos

À minha mãe e ao meu irmão que, com suas trajetórias de vida, também contribuíram para a definição do tema desta pesquisa.

Ao orientador Alfredo Naffah Neto pelas discussões, pelos apontamentos e pelo rigor com que tratou cada momento desta construção teórica.

Aos colegas do grupo de orientação, especialmente Ana, Judith, Lorene e Ronny, pelos momentos de discussão teórica, com os quais muito aprendi.

À amiga J. Vero que, com carinho, me acolheu prontamente em sua casa e na cidade de São Paulo, pela amizade que tem sido cada vez mais intensa.

Aos professores Alfredo Naffah Neto, Luis Cláudio Figueiredo, Peter Pál Pelbart, Renato Mezan e Suely Rolnik que estiveram presentes em minha formação intelectual socializando generosamente seu saber, que continuará provocando efeitos em minha trajetória profissional.

A Paulo Roberto de Carvalho, com quem pude manter preciosas interlocuções povoadas de afeto e intensidade, as quais ajudaram a tornar esta construção teórica uma experimentação de vida.

Aos meus alunos que sempre estiveram presentes nas reflexões deste trabalho, com seus depoimentos, questionamentos teóricos e diálogos nas salas de aula, nas supervisões e nos corredores da Universidade.

Aos entrevistados que, generosamente, colocaram à minha disposição suas trajetórias de vida, as quais enriqueceram, e muito, este estudo.

Aos amigos que souberam entender o meu distanciamento para concluir este trabalho e, mesmo assim, quando possível, estiveram presentes, afetuosos.

Aos colegas do Departamento de Psicologia Social e Institucional da Universidade Estadual de Londrina, que incentivaram a realização desta pesquisa.

À Capes, cuja ajuda financeira foi essencial para a conclusão da dissertação que deu origem a este livro.

Sumário

Apresentação	13
Introdução	15

PARTE I
Problematizando o vínculo com a profissão	27
1. A adolescência e a escolha profissional: invenções históricas	29
2. Relações de poder e profissão	49
3. Trajetória profissional: uma construção artística	67
4. Cartografias da profissão	75

PARTE II
Cartografando trajetórias	85
5. Primeira entrevista	87
6. Análise da primeira entrevista	101
7. Segunda entrevista	113
8. Análise da segunda entrevista	127

Conclusão	139
Referências bibliográficas	145

Apresentação

A maior parte dos psicólogos que se dedica às questões de escolha profissional que enredam a vida dos nossos adolescentes possui um enfoque meramente técnico, ou seja, é constituída de profissionais que passam a vida discutindo questões técnicas ligadas às melhores (ou piores) formas de ajudar na escolha daqueles que precisam se iniciar na "vida adulta". Sonia Regina Vargas Mansano, entretanto, começa por colocar em xeque a premissa básica que sempre norteou *todas* essas técnicas – das mais tradicionais, via testes psicológicos, até as mais requintadas, como a de Bohoslavsky – ou seja, a própria idéia de *orientação vocacional* (ou *profissional*). Será desejável, mesmo, obrigar os nossos adolescentes, num certo momento, a fazer "escolhas" definitivas, que deverão nortear a sua realidade profissional pelo resto da vida, impedindo ou, pelo menos, limitando seriamente todo o processo de experimentação tão característico da juventude? É a partir desta pergunta que Sonia parte para uma pesquisa interessantíssima e constrói a sua dissertação de mestrado, que tive o prazer de orientar. Agora, assumindo a forma de livro, outros terão acesso a esse belo trabalho.

Suas indagações críticas levam-na, de início, a uma pesquisa histórica, reveladora de que a adolescência não existiu desde sempre – pelo menos da forma como atualmente a recortamos do conjunto temporal de crescimento humano e a caracterizamos como período de vida –, mas é uma invenção tardia do século XIX. A conclusão seguinte é a de que não foi por mero acaso que foi inventada durante a emergência da sociedade industrial, na qual é preciso extrair o máximo do tempo dos homens, para que ele possa ser colocado no mercado e transformado em capital. A adolescência emerge como uma invenção capitalista, destinada a preparar a mão-de-obra para o sistema que se institui. Os desdobramentos dessa conclusão deságuam no capítulo seguinte, em que Sonia estuda as relações entre poder e trabalho, passando pela sociedade disciplinar, descrita por Foucault, e chegando à sociedade de controle, descrita por Deleuze e Guattari, em que o sentido da "escolha profissional" – tal qual defendido pela psicologia dominante – não consegue escapar das malhas de um *dispositivo de poder*. É para tentar fugir desse modelo de construção subjetiva seriada – destinada a sustentar a ordem do sistema – e caminhar em busca de processos de singularização (que, afinal, constituem o tema central do núcleo de pesquisa que Sonia escolheu para fazer o seu mestrado) que todo o restante da pesquisa se constrói.

A idéia foucaultiana de que a vida pode ser tratada como obra de arte, a ser perseguida e lapidada ao longo dos anos, em um processo de experimentação contínuo nunca fadado a resultantes fechadas e definitivas, parece-lhe uma alternativa interessante e criativa de se caminhar nessa direção. É com base nesse novo paradigma que Sonia pretende tratar das questões profissionais: como um *devir* contínuo e permanente, o *devir profissional*.

Se a vida – incluída aí a profissional – é pensada como *devir*, a metodologia do psicólogo será necessariamente definida como *cartografia* – forma de "acompanhar as alterações que se introduzem na paisagem social por meio dos movimentos subjetivos" – seguindo, mais uma vez, a inspiração de Deleuze e Guattari. Será cartografando trajetórias – e trazendo para a pesquisa um pouco de nossa realidade profissional brasileira, nos planos subjetivo e intersubjetivo – que a pesquisa constrói o seu desfecho.

As peripécias vitais de Marco, dividido entre a Medicina psiquiátrica e o piano, os diferentes momentos de "escolhas", mudanças, reviravoltas e todo o entorno familiar e social que as acompanham dão uma primeira idéia concreta do que significa *experimentar* no interior do devir profissional de um concertista/médico. Com Helton, a cartografia torna-se, talvez, mais lugar-comum, característica da população mais numerosa: oriundo de uma família humilde, sua experimentação vai da vida de caminhoneiro, passa pela de técnico da usina de Itaipu, para finalmente desaguar no Direito, com idas, vindas e reviravoltas, também.

No final, sobra a sensação de que a vida é uma grande aventura, que precisa ser curtida e saboreada sem falsos atalhos, acompanhando as irregularidades dos caminhos e perseguindo as constantes guinadas de direção, que lhe são próprias. Tornando-se nômade para não perecer na sociedade de controle. Por que motivos – a não ser aqueles que desqualificam a vida em prol de valores outros – a "escolha profissional" deveria ser diferente disso?

Alfredo Naffah Neto

Introdução

A temática a ser aqui desenvolvida foi definida com base em alguns incômodos referentes à forma como as escolhas profissionais de jovens e adultos vêm sendo tratadas na contemporaneidade. No decorrer dos últimos anos, a escolha profissional ganhou espaço de discussão, tornando-se objeto de atenção por parte de diferentes segmentos da sociedade. No entanto, este movimento acaba definindo algumas posições sobre a escolha da profissão que, a meu ver, empobrecem e limitam sua experimentação. Entre essas noções, podemos destacar a idéia de que a adolescência é o momento instituído para que a decisão profissional ocorra, que essa decisão deva ser única e definitiva e, ainda, que o não-interesse do jovem pela profissão ou mesmo a sua indecisão são indicativos de problemas.

Situando o momento da escolha profissional preferencialmente na adolescência, esta última vem sendo tomada como objeto de interesse para a produção de conhecimento pelas mais diversas áreas. Na psicologia, as investigações acerca do que vem a ser essa experiência permitem a construção de vários saberes que são tanto extraídos dos jovens quanto difundidos por intermédio deles.

Em muitas dessas investigações, vemos a adolescência definida como um momento de conflitos e decisões. Quando encontramos a adolescência sendo destacada como uma etapa, deparamo-nos com a tentativa mais ampla de enquadrar a vida humana numa linha temporal, dividida em fases, para as quais são atribuídas características específicas. Essa concepção, que presume um processo evolutivo, baseia-se na busca de um suposto amadurecimento que seria alcançado com o passar do tempo, o que colabora para promover uma naturalização "psicologizada" da existência humana. Nessa abordagem, o sucesso da etapa anterior é a condição para o bom desfecho da atual e, assim, sucessivamente. Encontramos diversos autores que balizam suas teorias na divisão da vida humana em etapas. Alguns deles dedicam-se exclusivamente à etapa da adolescência. Vejamos algumas dessas concepções.

Para Erik H. Erikson, a adolescência é um período no qual "o indivíduo desenvolve os requisitos preliminares de crescimento fisiológico, amadurecimento mental e responsabilidade social para experimentar e atravessar a crise de identidade"[1]. Em seus estudos, tanto a noção de "crise" quanto a de "desenvolvimento de requisitos preliminares" reforçam a dimensão de linearidade temporal da vida humana e apontam a adolescência como momento para a resolução de problemas. Tais resoluções levariam a um suposto amadurecimento, alcançado por meio da estruturação de uma identidade, sendo esta a condição para a entrada na vida adulta. Dessa maneira, o foco das reflexões de Erikson está na questão da identidade.

Já em Maurício Knobel, o conceito de adolescência ganha amplidão, apesar de manter-se ligado à vida humana dividida em etapas. O autor procura mostrar que a adolescência comporta um conjunto de características, as quais, em outros momentos da vida humana, seriam tidas como patológicas, mas, uma vez manifestadas no decorrer dessa faixa etária, podem ser consideradas, de acordo com sua denominação, como Síndrome Normal da Adolescência. Em suas palavras, ao vivenciar esta síndrome:

> O adolescente passa por desequilíbrios e instabilidades extremas de acordo com o que conhecemos dele. Em nosso meio cultural, mostra-nos períodos de elação, de introversão, alternando com audácia, timidez, descoordenação, urgência, desinteresse ou apatia, que se sucedem ou são concomitantes com conflitos afetivos, crises religiosas nas quais se pode oscilar do ateísmo anárquico ao misticismo fervoroso, intelectualizações e postulações filosó-

---

1. ERIKSON, Erik H. *Identidade: juventude e crise*. 2. ed. Rio de Janeiro: Guanabara, 1987, p. 90.

ficas, ascetismo, condutas sexuais dirigidas para o heteroerotismo e até a homossexualidade ocasional[2].

Podemos perceber que Knobel apresenta uma visão mais ampla da adolescência, reconhecendo nela diversas características e considerando a importância do meio sociocultural para esse período da vida. Mas, ainda assim, mantém suas reflexões orientadas para a delimitação daqueles comportamentos que seriam característicos dessa etapa. Encontramos, ainda, em seus estudos, a tentativa de distinguir os comportamentos dos adolescentes entre aqueles considerados "normais" e "patológicos".

Para Rodolfo Bohoslavsky, a adolescência é um momento caracterizado por diversas mudanças: "Estas são tão contínuas, tão amplas, tão características da idade adolescente, que fazem pensar num indivíduo submetido a uma crise contínua"[3]. E, apesar de vivenciar tais crises, caberia ainda ao adolescente "definir-se ideológica, religiosa e eticamente, definir sua identidade sexual e sua identidade ocupacional"[4]. É sobre essa noção de crise e suas possibilidades de superação, alcançável pelas diferentes decisões a serem tomadas pelo adolescente, tendo como suporte suas identificações, que o autor se ocupará em suas investigações.

Nessas concepções brevemente apresentadas[5], encontramos a tentativa de circunscrever a adolescência como uma etapa do desenvolvimento caracterizada por crises e definições, mas principalmente a tentativa de atribuir à existência humana uma linearidade, por meio da qual ela poderia ser explicada, prevista e controlada. Para isso se efetivar, existem não apenas os saberes construídos sobre a adolescência, como também os dispositivos de poder que servem para dar-lhes sustentação e suporte, difundindo os conhecimentos produzidos por sua rede de controle institucional. Diante disso, consideramos que a ênfase colocada na adolescência tem feito com que ela seja institucio-

---

2. KNOBEL, Maurício e ABERASTURY, Arminda. *Adolescência normal.* 10. ed. Porto Alegre: Artes Médicas, 1992, p. 28.
3. BOHOSLAVSKY, Rodolfo. *Orientação vocacional: a estratégia clínica.* 8. ed. São Paulo: Martins Fontes, 1991, p. 54.
4. Id. Ibid.
5. O leitor interessado nesta forma de abordar a adolescência poderá encontrar mais informações nas três últimas bibliografias citadas.

nalizada como uma etapa da vida humana, à qual é atribuída uma série de comportamentos, crises e decisões.

Essa institucionalização acontece pela articulação entre as diversas áreas de conhecimento e a organização social, as quais buscam produzir um sentido para a adolescência, participando assim da formação desse modo de subjetivação. Uma vez construídos e generalizados no meio social, estes saberes ganham contornos reais e encontram ressonância no plano discursivo de quem convive com os adolescentes e mostra, assim, certa ansiedade por ver a denominada "crise" passar.

Mas o que vem a ser a institucionalização da adolescência? Para entendê-la, precisamos nos remeter ao conceito de instituição. Segundo Gregório Baremblitt, as instituições têm como finalidade a regulação da atividade humana com vistas à permanência de seus valores. Tal regulação, de acordo com a "forma e o grau de formalização que adotem, podem ser *leis*, podem ser *normas* e, quando não estão enunciadas de maneira manifesta, podem ser *pautas*, regularidades de comportamentos"[6]. Nesse sentido, consideramos que a maneira como a adolescência vem sendo abordada colabora para institucionalizá-la, devido, entre outras razões, às várias tentativas de enquadrá-la numa regularidade que pressupõe um "amadurecimento", ou seja, a superação dessa etapa (tentativas empreendidas pelas diversas áreas de conhecimento, em especial a psicologia, a medicina e a pedagogia). Ao instituir esses traços como característicos de uma fase evolutiva específica da vida humana, há toda uma disposição para, como dito anteriormente, tomá-los como universais e, dessa maneira, naturalizá-los.

Numa visão crítica dessa forma de produzir conhecimentos sobre a adolescência, Fumika Peres e Cornélio Rosenburg, analisando a concepção de adolescência/adolescente no discurso da saúde pública, esclarecem que essa tendência à naturalização está diretamente relacionada a um paradigma biomédico, segundo o qual os sujeitos são "classificados/enquadrados/rotulados/homogeneizados/uniformizados, a partir de um critério arbitrário, regido por regras da ciência moderna – classificatória e intervencionista"[7]. Os autores ainda

---

6. BAREMBLITT, Gregório. *Compêndio de análise institucional e outras correntes: teoria e prática*. 3. ed. Rio de Janeiro: Rosa dos Tempos, 1996, p. 27.

7. PERES, Fumika e ROSENBURG, Cornélio P. Desvelando a concepção de adolescência/adolescente presente no discurso da saúde pública. In: *Saúde e Sociedade* 7(1): 53-86, 1998, p. 67.

declaram que, ao se adotar esse paradigma, corre-se o risco de "tornar a história social dos homens uma história natural, que não se aplica a homens concretos, com suas contradições, rupturas, descontinuidades"[8]. A história social dos homens não se reduz às regras da ciência moderna. Existe aí uma incompatibilidade que, quando não é tomada como objeto de apreciação, passa a negar a vida em sua complexidade. Convém considerar que essa crítica advém do meio médico e volta-se contra qualquer predeterminação arbitrária referente à existência, até mesmo contra aquelas operadas pelas ciências humanas.

Uma vez institucionalizada, a adolescência serve como uma tentativa para explicar as contradições e descontinuidades da existência humana e, assim, neutralizar os possíveis conflitos que emergem no contato do jovem com a organização social vigente. A intolerância a tais conflitos e questionamentos à ordem social foram aos poucos ampliando as explicações e a produção de conhecimentos, por meio das quais se pretendia controlar tudo o que pudesse fugir à estabilidade dos valores presentes na sociedade organizada. Assim, a consolidação de saberes acerca da adolescência, junto com a construção desse modo de subjetivação, pretende justificar a instabilidade que lhe foi atribuída como uma fase que, com o passar do tempo e a intervenção de diferentes instituições, deveria ser superada.

Tal superação, de acordo com o paradigma classificatório e intervencionista, aconteceria, além de outros fatores, pela valorização crescente de um "amadurecimento" rápido do jovem, pautado no apelo à produtividade e à manutenção da ordem social. Nesse sentido, a institucionalização da adolescência vem sendo operada mais fortemente como um projeto tanto das ciências humanas quanto da área médica. Estas, mediante a produção de saberes reificados, buscam a normatização e a homogeneização do jovem, neutralizando as possibilidades de transgressão às normas instituídas e apresentando diversas explicações racionais e reducionistas para essa experiência singular.

A codificação da vida do jovem facilita a intervenção dos dispositivos de controle sobre o seu cotidiano. Porém, na contemporaneidade, essas formas de controle social estão cada vez mais difíceis de ser reconhecidas. Mesmo assim, inúmeros jovens, utilizando-se das mais diferentes estratégias, procuram resistir, fazendo dessa experiência um exercício de múltiplas possibilidades, muitas vezes não previsíveis ou

---

8. Peres e Rosenburg, op. cit., 1998, p. 67.

controláveis. Ao se defrontar com as formas de controle vigentes, o adolescente experimenta a vida em sua diversidade. Nessa experimentação, que podemos encarar como um exercício político, encontramos variadas maneiras de resistir ao papel que lhe é atribuído, construindo assim formas diferentes de ser jovem na contemporaneidade.

Considerando a complexidade verificada nesse campo, que comporta tanto as tentativas de explicar e controlar a adolescência quanto as formas de resistência e seus desdobramentos, retomamos aqui nosso interesse em destacar uma dimensão da vida humana que é o vínculo com a profissão. Apesar de reconhecermos a necessidade histórica da sociedade em instituir a adolescência como a etapa preferencial para tomada de diferentes decisões, entre as quais a profissional, nosso objetivo é dar um passo adiante, mostrando que a vida humana é atravessada por diversos momentos de decisão, inclusive no campo profissional, sendo a adolescência apenas um deles.

Assim, neste livro buscaremos manter uma distância em relação aos teóricos da psicologia já citados para demarcar nossa diferença quanto à maneira como eles abordam essa experiência, pois entendemos que em larga medida tais concepções acerca da adolescência ajudam a naturalizá-la. A nosso ver, os modos de subjetivação são produzidos nos distintos momentos históricos, e essa produção não se restringe a categorizações etárias ou comportamentais, visto que a existência humana é algo mais múltiplo e complexo.

Para analisar especificamente a questão da escolha profissional, partiremos da perspectiva de que essa experiência se constrói em um campo complexo, no qual se fazem presentes diferentes forças. Assim, as decisões de jovens e de adultos não se reduzem a um período particular da vida, nem mesmo à cristalização de uma identidade profissional. Se a adolescência está instituída como momento preferencial de decisão, consideramos que existe aí uma tentativa de congelar e neutralizar tanto o devir do adolescente quanto o do adulto, priorizando uma escolha única e definitiva, mas principalmente desvinculando a profissão de sua potência de criação.

Assim, ante a necessidade de definir uma profissão, colocada de maneira recorrente para o adolescente, questionamos: esta problemática é mesmo do adolescente? Não existe aí um dispositivo pelo qual a organização social naturaliza a necessidade de uma definição profissional, que acontece preferencialmente na adolescência, a fim de garantir a manutenção de seu funcionamento econômico e produtivo?

Essas questões traduzem o que denominamos no início desta obra de um incômodo referente à maneira como a escolha profissional tem sido abordada. Assim, parece-nos relevante analisar a preocupação que se manifesta em uma parte da sociedade relacionada às escolhas dos adolescentes e mais particularmente no tocante às suas indecisões.

Na indecisão, o adolescente coloca em evidência a experiência da multiplicidade inerente à vida, na qual emergem a diferença e o devir. E, ao fazê-lo, também evidencia o conflito que essa dimensão da subjetividade estabelece com a ordem instituída. É a resistência em acolher a demanda social por uma escolha profissional que nos leva a considerar que essa necessidade não é exclusiva do adolescente, mas em inúmeros casos vem de fora, é trazida pelo outro: pais, professores, amigos. Sendo uma necessidade que lhe é apresentada por outrem, o jovem muitas vezes não a reconhece como sua, ainda mais quando ela é colocada de forma desconectada da vida como vivida até então.

Cabe assinalar que não se trata de valorizar a indecisão descomprometida do adolescente, mas chamar a atenção para o quanto esse estado tende a ser inibido e anulado socialmente, favorecendo a produção de tecnologias de controle cada vez mais sutis e eficientes em seus propósitos de domínio e captura, os quais são objetivados na necessidade, na urgência, bem como nas intervenções que favorecem a escolha bem-sucedida. Consideramos, entretanto, que a indecisão aponta justamente para a ausência de uma linearidade e previsibilidade na experimentação das profissões, o que coloca em funcionamento diversas tentativas que buscam dar uma lógica e uma trajetória predefinidas a esse processo.

Diante desse quadro, as instituições que procuram exercer um poder sobre os seus membros, valendo-se das mais variadas articulações, atravessam também a escolha do adolescente na tentativa de administrar a instabilidade, para que esta possa se tornar controlável.

Para acelerar o processo de escolha, muitas vezes a questão acaba sendo colocada sob o prisma reducionista da sobrevivência e da necessidade de inserção no mercado de trabalho. Ao se verem ante a necessidade tão apregoada de sobrevivência, os jovens podem tornar-se propensos a escolher aquelas profissões tidas como mais seguras e rentáveis. Quando a sobrevivência é tomada como ponto norteador do processo de decisão, o jovem pode ficar distante de experimentar as diferentes possibilidades profissionais ou mesmo a produção do desejo. A pressão temporal para que ocorra a decisão nos remete à definição aqui apresentada sobre a adolescência, a qual valoriza a divisão da vida humana em etapas lineares, exigindo assim o amadurecimento de uma identidade profissional como condição para dar início à etapa seguinte, que seria a vida adulta, ou seja, a entrada, o mais rápido possível, no mundo do trabalho.

Nesse sentido faz-se necessário considerar que as transformações socioeconômicas ocorridas no mundo do trabalho são elementos indispensáveis para uma análise crítica acerca das repercussões que elas trazem para a construção da subjetividade do trabalhador, bem como das possibilidades de singularização encontradas nesse meio. Cotidianamente, deparamo-nos com uma demanda apresentada pelo mercado de trabalho, que muitas vezes assume contornos ameaçadores devido, entre outros fatores, ao alto índice de desemprego. Assim, preocupar-se com a profissionalização e com a carreira a ser construída, contextualizar as preferências pessoais ao mercado de trabalho, investir em currículo e na aquisição de experiência profissional no decorrer da formação acadêmica são exigências concretas com as quais nem todos os adolescentes ou adultos estão envolvidos. Entretanto, uma vez expostos ao mercado de trabalho, adolescentes e adultos estão sujeitos a esses poderes, que vêm sendo utilizados de maneira incisiva e direta na atualidade. E, em face dessa realidade, muitas vezes eles não sabem como agir.

O movimento de expansão das profissões vem ampliando ainda mais as possibilidades de escolha. Contudo, encontramos também muitas restrições que as mais diversas instituições fazem ao jovem. Estas acabam limitando a experimentação dos processos de escolha, priorizando a urgência de uma decisão, fato que com freqüência desconsidera as diferentes velocidades dos jovens para se vincular à atividade profissional. Assim, podemos pensar o quanto o esforço do adolescente em romper com as normas e explicitar sua insistência no devir consiste numa força que resiste à tentativa de dominação mortífera e ao estrangulamento de novas e distintas formas de subjetivação que poderiam vir a ser criadas. Tal resistência implica uma temporalidade diferenciada e singular, que escapa às definições universais, sendo por isso mesmo vista muitas vezes como problemática. É nesse contexto de negação da multiplicidade, de decisões precipitadas e de pressões, que os indivíduos, adolescentes ou adultos, vêm se subjetivando na esfera da escolha profissional.

No que se refere ao processo de escolha, Rodolfo Bohoslavsky afirma: "Todas as dúvidas do jovem a respeito de 'quem quer ser' obedecem a identificações que ainda não se integraram"[9]. Tal perspectiva pressupõe que haverá um momento de integração. Entretanto, um mal-estar é instalado diante da dificuldade de tomar em consideração esses múltiplos objetos anteriores à definição da escolha. Esse mal-estar se intensifica ante a constatação de que a escolha tem um caráter histórico, provisório, sujeita à ação de uma multiplicidade de outras forças que podem, nos inúmeros embates que estabelecem, compor novas trajetórias de vida que até então nem sequer foram pensadas. E nessa perspectiva voltamos a destacar que tais dúvidas não são exclusivas dos adolescentes, mas fazem-se constantes no decorrer de toda a vida, independentemente da faixa etária.

Decorrente da tendência de naturalizar a adolescência como momento preferencial de decisão, negando assim a historicidade presente nesse processo, deparamo-nos com outra situação que, sob essa ótica, é tida como problemática. Trata-se dos adultos que, após certo tempo de trabalho em determinada área, resolvem mudar de profissão. Estes, quando se abrem para a experimentação de novas possibilidades profissionais, acabam por vezes tendo suas escolhas decodificadas como um fracasso. É como se a decisão, tomada possivelmente na adolescência, tivesse a obrigatoriedade de manter-se inalterada ao longo de toda a vida, independentemente das transformações do desejo e das diferentes experiências vividas.

Outro aspecto dessa problemática é a desqualificação da experiência profissional anteriormente vivida, que passa a ser considerada uma perda de tempo ou um investimento sem retorno. No entanto, essa experiência pode ter sido intensa e significativa, perdendo, em dado momento, o seu sentido. Para Yvette Piha Lehman, acontece nesses casos um "desmoronamento da identidade profissional"[10]. A autora ainda observa que essa situação é encontrada cada vez mais freqüentemente na contemporaneidade. No seu entender, trata-se de "adultos que escolheram de forma madura, mas que entretanto, por alguma razão, não encontram mais sentido na sua esco-

---

9. BOHOSLAVSKY, op. cit., p. 66.
10. LEHMAN, Yvette Piha. O papel do orientador profissional – revisão crítica. In: BOCK, Ana Merces Bahia (org.). *A escolha profissional em questão*. São Paulo: Casa do Psicólogo, 1999, p. 245.

lha"[11]. Se consideramos que a condição desejante da vida humana encontra-se sujeita à ação das mais diferentes forças e, dessa forma, mantém-se sempre em aberto para novas composições, é possível acolher as perdas de sentido da profissão como algo inerente à condição humana.

Nesse processo, não existe nenhuma razão específica que justifique a transformação do desejo. Trata-se de um entrecruzamento complexo de forças sempre em embate (o que será tratado no Capítulo II), que interfere em trajetórias de vida que estão continuamente sendo construídas e desconstruídas, inviabilizando uma cristalização. Assim, traduzir como fracasso ou inadequação uma experiência que perdeu o sentido, pelo grande valor atribuído à permanência de uma identidade profissional rígida, limita a experimentação, mas sobretudo separa a vida de seu processo de criação.

Contrariamente a uma visão "identitária" da profissão, buscaremos com esta obra aproximar duas dimensões que, por questões históricas, têm estado separadas na atualidade, qual seja, a vida e a criação, criação que também se estende à invenção do vínculo com a profissão. Queremos destacar aqui que a construção da profissão como um projeto em aberto está permanentemente interferindo nas trajetórias de vida, não podendo ser desvinculada de forma alguma das múltiplas dimensões aí presentes.

Assim, este estudo trilhará o seguinte percurso: na primeira parte será realizada uma exposição teórica problematizando a escolha profissional e o vínculo com a profissão, a qual se compõe de quatro capítulos. O Capítulo I fará uma retrospectiva histórica sobre a invenção da adolescência, datada do século XIX, com o intuito de chamar a atenção para a emergência histórica e a consolidação dessa etapa em nossa realidade social. Examinaremos, então, o quanto a decisão profissional, tratada na contemporaneidade com tamanha atenção, vem servindo para articular alguns objetivos diretamente ligados ao aumento da produção e do capital. Veremos como essa inserção do adolescente no mundo do trabalho pode ser compreendida pelos dispositivos aos quais Foucault denomina "confissão" e "seqüestro". Mostraremos que esses dispositivos disciplinares estão hoje incluídos na dinâmica da sociedade de controle e com isso o proces-

---

11. LEHMAN, op. cit., 1999, p. 245.

so de decisão acaba sendo tratado a partir de uma suposta "liberdade de escolha".

Rompendo com a idéia institucionalizada da adolescência como momento de escolha, mas reconhecendo que a vida, independentemente de faixa etária, será sempre atravessada por diferentes decisões, avançaremos para o Capítulo II, onde serão tratadas as relações de poder presentes na questão profissional, envolvendo tanto a rede poder-saber quanto as estratégias de resistência. Analisaremos também os atravessamentos que interferem de maneira direta sobre a escolha, enfatizando os que mais se destacam em nossa organização social, a saber: a família, a mídia, o mercado de trabalho e a escola. Veremos o quanto tais atravessamentos podem atuar como forças potencializadoras, restritivas ou inibidoras dos processos de singularização na profissão.

No Capítulo III examinaremos a escolha profissional como um entrecruzamento complexo de forças que se encontram em permanente combate. Esses combates podem, em dado momento, produzir uma composição, ou seja, a escolha de uma profissão a ser investida. Buscaremos mostrar o quanto a arte pode manifestar-se nesse processo na medida em que o vínculo com a profissão se mantém conectado à potência de criação.

No Capítulo IV apresentaremos a escolha profissional como um projeto em aberto para a construção de diversas cartografias. Veremos que a cartografia acompanha a construção de uma forma de vida que passa por diferentes dimensões, incluindo a profissional. Nessa construção estão os fluxos de desejo, que dão sustentação aos processos de criação, portanto de expansão e experimentação da vida em seu devir.

Na segunda parte, apresentaremos duas entrevistas que relatam trajetórias de vida que também passam pela profissão. Nelas procuraremos identificar as forças que estiveram presentes nas decisões e aquelas que em dado momento se tornaram vencedoras sobre as demais, permitindo a emergência de uma composição profissional. Procuraremos ainda analisar quando essas composições deixaram de ser intensivas e perderam seu sentido, abrindo espaço para novas criações. Estaremos atentos à forma como esses movimentos do desejo são vividos pelos entrevistados.

Em síntese parcial, este trabalho pretende alcançar dois objetivos. Primeiro, o objetivo ético-político de desnaturalizar a adolescência, instituída como momento de conflitos e decisões, para dessa forma poder sustentar as forças que afirmam a vida como potência de variação, independentemente de qualquer categorização etária previamente definida para a existência humana. Em segundo lugar, um objetivo teórico que consiste em traçar uma cartografia das forças que atravessam as escolhas profissionais, compondo assim modos de subjetivação, como também uma cartografia das estratégias de resistência utilizadas para escapar ao destino de uma identidade profissional cristalizada.

PARTE I

Problematizando
o vínculo com a profissão

1

A adolescência e a escolha profissional: invenções históricas

A adolescência tal qual a conhecemos hoje passou por várias modificações desde a sua invenção. Ao contrário do que se possa pensar, trata-se de um conceito recente, cujos pressupostos começaram a ser delineados no final do século XIX. Até então, a passagem da infância para a vida adulta era marcada por diferentes rituais, conforme os costumes e as crenças característicos de cada sociedade, sem que isso implicasse a definição de uma fase intermediária específica. O início da vida adulta era recorrentemente denominado "juventude" em diferentes contextos.

A adolescência passou a existir como uma etapa a partir do momento em que começou a ser construída como um modo de subjetivação e um conceito, tendo suas principais características delineadas. Desde então, esse conceito sofreu diversas transformações. Além disso, por se tratar de uma construção social diferenciada em cada cultura, torna-se inviável atribuir à adolescência qualquer característica absoluta ou natural.

Este capítulo visa desenvolver um percurso histórico analisando de que forma a adolescência emergiu como conceito e como resultado de um processo de subjetivação, além das transformações históricas que ela foi sofrendo. Nessa trajetória, trabalharemos com autores que se preocuparam com a questão da emergência e das transformações da adolescência e, de maneira mais ampla, com as transformações da sociedade.

Etimologicamente, a palavra adolescência vem do latim *adolescere*, que significa "crescer, desenvolver-se, tornar-se jovem"[1]. Para que a noção de adolescência pudesse emergir na história, diferentes forças foram se combinando, de maneira que se tornou necessária a definição de uma faixa etária que distinguisse a infância da vida adulta. Para entender tais forças, teremos de retomar alguns acontecimentos de um período histórico anterior.

O século XVIII é marcado pela consolidação do sujeito individual, cuja construção foi iniciada desde o Renascimento, no século XIV, tendo posteriormente importantes contribuições de pensadores como René Descartes, no século XVII, e Emmanuel Kant, no século XVIII. A noção de indivíduo se consolidou neste momento histórico inseparavelmente da emergência do capitalismo como forma de organização econômica e decorrente também da necessidade de produzir um modo de subjetivação compatível com as novas demandas sociais que estavam ligadas à "disciplinarização" para o trabalho e a produtividade.

A organização social vigente que, de acordo com os estudos de Michel Foucault, caracterizava-se como disciplinar nesse momento histórico, buscou responsabilizar o sujeito individualmente por seus atos[2]. A valorização da noção de indivíduo, em conjunto com outras forças, iriam, no século seguinte, agenciar diversos acontecimentos, entre os quais a invenção da adolescência.

Para consolidar a noção de indivíduo, inúmeros conhecimentos foram elaborados, sendo a ciência uma das principais aliadas nessa produção. Paul Rabinow e Hubert Dreyfus, ao analisarem a obra de Foucault, observam que,

> [...] através da expansão dos métodos da ciência, o indivíduo tornou-se um objeto de conhecimento para si mesmo e para os outros, um objeto que fala a verdade sobre si mesmo, a fim de se conhecer e ser conhecido; um objeto que aprende a operar transformações em si mesmo. Essas são as técnicas que ligam o discurso científico às tecnologias do eu[3].

---

1. PFROMM, Samuel. *Psicologia da adolescência*. São Paulo: Pioneira, 1971, p. 1.

2. O leitor interessado em saber mais sobre a Sociedade Disciplinar pode recorrer especialmente à obra de Michel Foucault. *Vigiar e punir: história da violência nas prisões*. 18. ed. Petrópolis: Vozes, 1998.

3. RABINOW, Paul e DREYFUS, Hubert L. *Michel Foucault, uma trajetória filosófica: para além do estruturalismo e da hermenêutica*. Rio de Janeiro: Forense Universitária, 1995, p. 192.

VIDA E PROFISSÃO – CARTOGRAFANDO TRAJETÓRIAS | 31

Concomitantemente a esse crescente interesse pelo indivíduo, no decorrer do século XIX operou-se uma segmentação da vida em sociedade nas mais variadas dimensões. A segmentação da existência humana não é própria apenas desse momento histórico. Ela se faz presente em qualquer sociedade, variando nas estratégias que utiliza. Tal variação consolida distintas formas de organização social em cada período histórico. Na sociedade disciplinar em especial, uma destas segmentações ocupou-se da divisão etária da existência humana, a qual, no decorrer dos anos, tornou-se mais específica. Esta segmentação, ligada à busca de verdades sobre o indivíduo e tendo como norteador a ciência, foi estabelecida pelos próprios indivíduos, utilizando para isso o seu discurso. Nesse sentido, Dreyfus e Rabinow mostram ainda que "o sujeito moderno não é mudo; ele deve falar"[4]. Quanto mais lugares fossem estabelecidos para que esta fala acontecesse, mais saberes seriam elaborados. Assim, para caracterizar cada uma das faixas etárias foram sendo investigados e definidos conteúdos discursivos específicos.

A produção de um saber extraído da fala dos sujeitos contribuiu para uma "disciplinarização" crescente na sociedade. Nesse sentido, buscou-se determinar o que se destacava como mais recorrente, construindo assim uma padronização na qual o que era definido como uma "normalidade" deveria ser buscado e assumido. Estamos falando da tentativa de implementar uma regularidade na organização social, por meio da qual fosse possível detectar tudo aquilo que fugisse ao controle disciplinar e, portanto, pudesse adequar o desviante aos valores vigentes. Foucault nos esclarece:

> Em certo sentido, o poder de regulamentação obriga à homogeneidade; mas individualiza, permitindo medir os desvios, determinar os níveis, fixar as especialidades e tornar úteis as diferenças, ajustando-as umas às outras. Compreende-se que o poder da norma funcione facilmente dentro de um sistema de igualdade formal, pois dentro de uma homogeneidade que é a regra, ele introduz, como um imperativo útil e resultado de uma medida, toda a gradação das diferenças individuais[5].

---

4. RABINOW e DREYFUS, op. cit., 1995, p. 192.
5. FOUCAULT, Michel. *Vigiar e punir: história da violência nas prisões.* 18. ed. Petrópolis: Vozes, 1998, p. 154.

Assim, a segmentação da vida humana, por meio da divisão em faixas etárias distintas, abriu espaço para a institucionalização de práticas e de procedimentos que foram então utilizados para regularizar a vida. Nessa direção, até mesmo as diferenças que poderiam ser tomadas como obstáculos à normalização acabaram sendo úteis para uma definição mais precisa das regularidades e de seus desvios.

Essa segmentação não permaneceu apenas na questão etária. Uma vez que havia tentativas de fazer com que as diferenças fossem devidamente detectadas em prol do estabelecimento de um padrão, tudo o que fugia ou se contrapunha a essa busca acabava sendo decodificado como "patológico". Categorias como "normal" e "anormal" também ganharam estatuto de regulamentação social. Nesse sentido, o exame, como técnica de investigação, passou a se configurar como um instrumento para a manutenção da regularidade social. Justamente com vistas em homogeneizar a existência humana é que foi criada, segundo Foucault,

> [...] uma série de códigos da individualidade disciplinar que permitem transcrever, homogeneizando-os, os traços individuais estabelecidos pelo exame [...]. Esses códigos eram ainda muito rudimentares, em sua forma qualitativa ou quantitativa, mas marcam o momento de uma primeira "formalização" do individual dentro de relações do poder[6].

Assim, a consolidação do sujeito individual aconteceu mediante uma construção que foi se articulando desde o século XIV e encontrou seu auge no século XVIII, passando a ser utilizada então como uma categoria nas relações de poder. Com o passar do tempo, essa noção do sujeito individual, centrado e disciplinado, começa a ser questionada, abrindo a possibilidade para a emergência de novas formas de compreensão do humano.

No que diz respeito a essas relações de poder, cabe considerar outro dado histórico. Ainda no século XVIII, ocorrem o fortalecimento e a expansão do capitalismo na organização econômica da sociedade, principalmente com o início da industrialização. Tal acontecimento não pode ser negligenciado, na medida em que a economia, assim organizada, demandava um regime disciplinar que só poderia ser estabelecido a partir do investimento em sujeitos individuais. Do desempenho e do

---

6. FOUCAULT, op. cit., 1998, p. 158.

VIDA E PROFISSÃO – CARTOGRAFANDO TRAJETÓRIAS | 33

trabalho individual é que se poderiam quantificar com maior precisão o acúmulo de lucro e as possibilidades de ampliação deles.

Ao lado da consolidação de um modo de subjetivação individual, em que o sujeito poderia ser examinado e disciplinado, estabeleceram-se relações de poder, relacionadas ao capital, nas quais o corpo se tornou alvo de atenção e adequação para responder o mais rápido possível às demandas do trabalho. Trata-se do período em que se dão mais acentuadamente a disseminação dos valores capitalistas e a consolidação da classe social burguesa, organizada por meio do núcleo familiar, o qual foi se tornando cada vez mais privado. Analisando a organização social em que ocorre um enfraquecimento do homem público em prol do individualismo, Richard Sennet mostra que:

> No século XIX, o indivíduo e suas forças, desejos e gostos específicos tornaram-se permanentemente venerados como uma idéia social, partindo de um individualismo tosco, sobrevivente de um mais ajustado, das ferozes justificativas da nova economia, para crenças mais sutis e mais perturbadoras, onde a sociedade deveria supostamente funcionar através da personalidade, existir para ela, reforçá-la[7].

A noção de personalidade, com um acento maior no plano individual, coloca uma série de novas questões para a ciência, mas também para o próprio sujeito que passa a investigar-se por meio da auto-observação e do exercício de tomar consciência de si mesmo. É assim que a personalidade aparece, nos estudos de Sennet, como uma categoria inédita que, ao propor voltar a atenção do sujeito sobre si, favorece a produção de novas modalidades de regulação social.

Nessas condições de intensificação e de extensão do controle normativo sobre o sujeito, a criação de uma fase que pudesse explicar e organizar a passagem da infância para a vida adulta tornou-se estratégica. Até esse momento histórico a delimitação da adolescência não se fazia necessária. Nos estudos de Philippe Ariès sobre a história da criança e da família, podemos constatar que:

> De fato, ainda não se sentia a necessidade de distinguir a segunda infância, além dos 12-13 anos, da adolescência ou da juventude. Essas duas catego-

---

7. SENNET, Richard. *O declínio do homem público: as tiranias da intimidade*. São Paulo: Companhia das Letras, 1998, pp. 160-1.

rias de idade ainda continuavam a ser confundidas: elas só se separariam mais para o fim do século XIX, graças à difusão, entre a burguesia, de um ensino superior: universidade ou grandes escolas[8].

É justamente neste cenário de "disciplinarização" e de exame que, no final do século XIX, a adolescência emerge como uma etapa diferenciada da infância e da vida adulta. Norbert Schindler, analisando os rituais da juventude na era moderna, destaca outro aspecto dessa emergência. O autor considera:

> Só com a obrigatoriedade da freqüência à escola, no início do século XIX, passou a adotar-se aquele corte dos catorze anos [...], que estabelece uma clara demarcação entre infância e juventude no momento da conclusão dos estudos, do início da aprendizagem e ingresso no mundo do trabalho[9].

De acordo com esses autores, a invenção da adolescência acontece na classe social burguesa, que tem como aliada a instituição escolar. O ingresso no mundo do trabalho também serve como uma referência que diferencia a infância da adolescência. Ariès também chama a atenção para a influência do serviço militar, destacando que "a adolescência, mal percebida durante o *Ancien Régime*, se distinguiu no século XIX e já no final do XVIII através da conscrição e, mais tarde, do serviço militar"[10]. Assim, as instituições escolares e militares tornaram-se, no decorrer do século XIX, locais privilegiados para a observação e o exame, visando disciplinar o corpo e construir, com suas investigações, os saberes que eram julgados interessantes para a manutenção do sistema.

Mas a que estaria servindo, na época, a invenção dessa fase intermediária? O interesse da família burguesa, no que se refere à educação de crianças e jovens, apontava para a necessidade de consolidar, de maneira mais efetiva, determinados valores que colocassem os pais diretamente implicados com a educação de seus filhos. Segundo Jacques

---

8. ARIÈS, Philippe. *História social da criança e da família*. 2. ed. Rio de Janeiro: Livros Técnicos e Científicos Editora S.A., 1981, p. 176.

9. SCHINDLER, Norbert. Os tutores da desordem: rituais da cultura juvenil nos primórdios da era moderna. In: LEVI, Giovanni e SCHMITT, Jean-Claude. *História dos jovens I: da Antigüidade à Era Moderna*. São Paulo: Companhia das Letras, 1996, p. 271.

10. ARIÈS, op. cit., p. 187.

Donzelot, para que essa estrutura se edificasse, algumas obrigatoriedades precisavam ser difundidas. Assim, "apoiando-se uma na outra, a norma estatal e a moralização filantrópica colocaram a família diante da obrigação de reter e vigiar seus filhos se não quiser ser, ela própria, objeto de uma vigilância e de disciplinarização"[11]. Podemos perceber que a burguesia, na defesa de seus interesses disciplinares, encontrou apoio para consolidar a instituição familiar no Estado e na filantropia, sendo esta última uma atividade bastante difundida entre as mulheres burguesas no século XIX. Um dos objetivos dessa vigilância estava diretamente ligado à manutenção da ordem produtiva, visto que, quanto mais os pais estivessem comprometidos com a educação de seus filhos, mais facilmente estes acolheriam as solicitações da organização social que estava se consolidando.

Diante desses dados históricos acerca do surgimento da adolescência, achamos relevante resgatar a análise que Foucault faz sobre a disciplina. Ao considerar a invenção e a utilização da disciplina para manutenção da ordem social, o filósofo destaca a dispersão de sua origem bem como o entrecruzamento das instituições que a colocaram em funcionamento. Assinala também que a implantação das práticas disciplinares no interior das instituições escolares aconteceu de maneira precoce. Nas palavras do autor:

> A "invenção" dessa nova anatomia política não deve ser entendida como uma descoberta súbita. Mas como uma multiplicidade de processos muitas vezes mínimos, de origens diferentes, de localizações esparsas, que se recordam, se repetem, ou se imitam, apóiam-se uns sobre os outros, distinguemse segundo seu campo de aplicação, entram em convergência e esboçam aos poucos a fachada de um método geral. Encontramo-los em funcionamento nos colégios, muito cedo; mais tarde nas escolas primárias; investiram lentamente o espaço hospitalar; e em algumas dezenas de anos reestruturaram a organização militar[12].

Dessa forma, uma rede de instituições distintas, aparentemente sem nenhuma ligação, foi colocada em funcionamento a fim de disseminar a ordem disciplinar nos mais diferentes campos e com justifi-

---

11. DONZELOT, Jacques. *A polícia das famílias*. 2. ed. Rio de Janeiro: Edições Graal, 1986, p. 81.

12. FOUCAULT, op. cit., p.119.

cativas socialmente aceitas, ligadas à saúde, à educação e ao trabalho. Esses dispositivos disciplinares também estiveram presentes na definição da adolescência como uma etapa.

Assim, pela constituição de um modo de subjetividade adolescente e pela concomitante produção crescente de saberes a respeito do jovem, foi possível institucionalizar esse período, pretendendo-se com isso transformá-lo em uma etapa da vida com contornos bem definidos. E para isso os indivíduos, classificados como adolescentes, foram investigados de tal maneira que eles próprios pudessem colocar em prática a forma de saber que deles era extraída. De acordo com Foucault, essa forma de produzir o saber está ligada a

> [...] um poder epistemológico, poder de extrair dos indivíduos um saber e extrair um saber sobre estes indivíduos submetidos ao olhar e já controlados por estes diferentes poderes [...]. Vemos, portanto, como se forma um saber extraído dos próprios indivíduos, a partir do seu próprio comportamento[13].

Objetivando-se ampliar os saberes acerca da adolescência, tem aumentado nas mais diferentes áreas o interesse pela pesquisa, mediante métodos de vigilância e disciplina camuflados dentro das instituições com justificativas pedagógicas e de saúde. Além disso, diversos dispositivos foram colocados em ação para fazer com que esses conhecimentos fossem assimilados e reproduzidos na esfera social, constituindo assim o suporte para a emergência de uma adolescência histórica e socialmente fabricada. Como já foi dito, uma instituição não funciona de forma isolada, mas comporta uma rede de relações que tanto constrói como difunde as suas verdades. Associam-se no século XIX as escolas, o serviço militar, as igrejas e as famílias, para fortalecer essa rede de relações mais incisivamente.

Cabe então um questionamento: a que vem servindo o estabelecimento desta rede interinstitucional e disciplinar que engendrou a adolescência e o adolescente no decorrer da história? Por um lado, vimos que a construção do sujeito individual permitiu a "disciplinarização" do seu corpo para atender mais prontamente a uma demanda de controle da sociedade. Por outro, temos uma organização social

---

13. FOUCAULT, Michel. *A verdade e as formas jurídicas*. Rio de Janeiro: Nau Editora, 1990, p. 121.

cada vez mais pautada pela reafirmação dos valores do capitalismo. Podemos considerar, diante desse cenário, a possibilidade de que essa rede disciplinar estaria contribuindo justamente para estreitar o vínculo entre o indivíduo e o trabalho, vínculo que se foi sobressaindo para consolidar essa forma de organização econômica.

Ao considerar a formação da sociedade industrial no século XIX, Foucault aponta as condições necessárias para efetivar essa aproximação entre indivíduo e trabalho. Explica o autor: "Por um lado, é preciso que o tempo dos homens seja colocado no mercado, oferecido aos que o querem comprar, e comprá-lo em troca de um salário; e é preciso, por outro lado, que este tempo dos homens seja transformado em tempo de trabalho"[14]. Extrair o máximo do tempo dos homens. É exatamente este o objetivo maior da sociedade que buscou, no decorrer dos séculos XIX e XX, fortalecer cada vez mais o laço entre os indivíduos e o trabalho, incorporando nesse processo toda uma preocupação com a formação prévia para o trabalho, mediante a estratégia da "disciplinarização". É nesse contexto que emerge historicamente a adolescência.

Foucault considera essa aproximação entre trabalho e indivíduo um "seqüestro do século XIX que tem por finalidade a inclusão e a normalização"[15]. Assim, temos uma configuração social que supervaloriza o trabalho e estabelece suas regras fundamentadas em justificativas ligadas à proteção e à segurança de seus membros, mas que priorizam a obtenção de seus objetivos de lucro e acúmulo.

Tal movimento fez com que o trabalho, a partir de dado momento histórico, fosse tomado como valor natural, como algo honroso para a vida humana. Essa estratégia vem capturando os indivíduos de maneira tal que pode ser caracterizada, conforme a denominação de Foucault, como um "seqüestro". Na medida em que a valorização da estrutura familiar, nos moldes burgueses, é incorporada por outras classes socioeconômicas da população, a necessidade de trabalhar e estar devidamente preparado para isso passa a ser prioritária. Assim, para Foucault, o investimento no trabalho toma uma proporção na qual, além do tempo, também o corpo passa a ser seqüestrado e submetido à "disciplinarização". Para isso faz-se necessário que:

---

14. FOUCAULT, op. cit., 1990, p. 116.
15. Id. Ibid., p. 114.

[...] o tempo da vida se torne tempo de trabalho, que o tempo de trabalho se torne força de trabalho, que a força de trabalho se torne força produtiva; tudo isso é possível pelo jogo de uma série de instituições que esquematicamente, globalmente, as define como instituições do seqüestro[16].

Assim, vemos operar-se no século XIX um seqüestro gradual do tempo e do corpo do indivíduo, postos cada vez mais a serviço da manutenção da organização socioeconômica voltada para o trabalho. Encontramos principalmente a tentativa de fazer com que o trabalho apareça como a essência do homem. O desafio das instituições chamadas por Foucault de instituições de seqüestro consiste em descobrir "como fazer do tempo e do corpo dos homens, da vida dos homens, algo que seja força produtiva. É este conjunto de mecanismos que é assegurado pelo seqüestro"[17].

Não estaria a adolescência, desde sua invenção, tornando-se estratégica para acelerar este movimento? Quando analisamos o surgimento da adolescência como uma faixa etária definida a partir das imagens de crise e de desequilíbrio, podemos considerar que aos olhos da sociedade não se trata de qualquer crise, mas daquela cuja resolução será alcançada numa suposta maturidade. Questionamos então: quem é considerado indivíduo adulto e maduro numa sociedade disciplinar? Aquele que é capaz, entre outras coisas, de utilizar-se da força produtiva e do corpo para gerar capital em consonância com os valores dominantes. Dessa maneira, a crescente expectativa que incide sobre o adolescente acerca de seu futuro, sobretudo no que diz respeito à escolha da profissão, acaba se caracterizando como um dispositivo sofisticado de preparação para o seqüestro de seu corpo e, na contemporaneidade, também de sua subjetividade para o trabalho. Daí a expectativa excessiva das diferentes instituições para uma decisão rápida e certa por parte do adolescente, que, quanto mais cedo for introduzido no mundo do trabalho, mais cedo poderá apresentar resultados, em termos de acúmulo de capital.

Dessa forma, o seqüestro para o trabalho e a "disciplinarização" do corpo encontram-se presentes na consolidação do sujeito individual. Este, uma configuração histórica e emergente, é apresentado como alguém cujo discurso pode revelar uma verdade sobre si, verda-

---

16. FOUCAULT, op. cit., 1990, p. 122.
17. Id. Ibid.

de que aparece na forma de afirmações sobre as preferências individuais e as escolhas a serem feitas "livremente", que começam a ser mais solicitadas justamente a partir da adolescência. Entretanto, por se tratar de afirmações que historicamente interessam aos poderes dominantes, estas não podem ser feitas em qualquer lugar. Trata-se de um discurso com pretensão de ser verdadeiro que precisa ser dito e analisado por pessoas tidas como competentes nessa tarefa.

Segundo Foucault, a investigação da fala do sujeito também se constitui como um dispositivo disciplinar do século XVIII. Em sua obra *A história da sexualidade*, o autor mostra que a confissão foi utilizada, desde a Idade Média, como um ritual religioso pelo qual era possível acompanhar a vida do sujeito em suas dimensões mais encobertas. Aos poucos, o uso da confissão foi absorvido também pela justiça, por meio dos inquéritos, consolidando-se como uma forma de busca da verdade sobre o sujeito. Para Foucault:

> O indivíduo, durante muito tempo, foi autenticado pela referência dos outros e pela manifestação de seu vínculo com outrem (família, lealdade, proteção); posteriormente passou a ser autenticado pelo discurso de verdade que era capaz de (ou obrigado a) ter sobre si mesmo. A confissão da verdade se inscreveu no cerne dos procedimentos de individualização pelo poder[18].

A confissão aqui considerada por Foucault pode ser entendida como um dispositivo pelo qual o indivíduo é solicitado a falar sobre sua vida: as relações que estabelece com outras pessoas, com o trabalho, com o corpo e com tudo o mais que diga respeito à sua existência. Entretanto, esta fala sobre si, que busca encontrar uma verdade ou *n* verdades sobre o indivíduo, não poderia acontecer de maneira livre, mas por meio da confissão, feita diante de alguém que estivesse investido de autoridade e, dessa forma, pudesse produzir algo com ela, como, por exemplo, o conhecimento sobre o sujeito. Assim, para o autor, a confissão não se constitui como um dispositivo isolado. Com o passar do tempo ela

> [...] difundiu amplamente seus efeitos: na justiça, na medicina, na pedagogia, nas relações familiares, nas relações amorosas, na esfera mais cotidiana

---

18. FOUCAULT, Michel, *História da sexualidade I: a vontade de saber*. 12. ed. Rio de Janeiro: Edições Graal, 1997, p. 58.

e nos ritos mais solenes; confessam-se os crimes, os pecados, os pensamentos e os desejos, confessam-se passado e sonhos, confessa-se a infância; confessam-se as próprias doenças e misérias; emprega-se a maior exatidão para dizer o mais difícil de ser dito; confessa-se em público, em particular, aos pais, aos educadores, ao médico, àqueles a quem se ama; fazem-se a si próprios, no prazer e na dor, confissões impossíveis de confiar a outrem, com o que se produzem livros[19].

São diferentes áreas de conhecimento ou esferas institucionais interessadas em investigar o discurso do sujeito utilizando-se para isso do dispositivo da confissão. No caso específico do adolescente, a pedagogia, entre outras, acaba por ocupar um papel relevante. Trata-se de uma área privilegiada, pois encontra-se diretamente envolvida com o processo de educação e por conseguinte com o processo de escolha profissional. Assim, a instituição escolar, buscando consolidar seus objetivos educacionais, não tardou em articular uma rede diferenciada de indivíduos comprometidos em levar adiante seu projeto de educação disciplinada e vigiada. Nessa direção é que, avançando para o século XX, com a ampliação da ciência e das profissões, novos agentes foram solicitados para facilitar a "disciplinarização" dos jovens. E nesse sentido, de acordo com Donzelot, são convocados

[...] psiquiatras, pedagogos, responsáveis pelos movimentos de juventude e organizações familiares, a fim de dissertarem sobre a infância, sobre os problemas da adolescência, o futuro da juventude, os perigos do cinema, das leituras corruptas, da rua, e de toda essa "contra-educação", segundo seus próprios termos[20].

Assim, diversas áreas de conhecimento são legitimadas como portadoras de verdades a serem reveladas acerca do adolescente. Essas verdades, por sua vez, foram extraídas dos próprios sujeitos, no caso os adolescentes, numa relação que comporta a prática confessional. Isso se deu mediante conselhos e tentativas de adequação dos jovens aos valores vigentes, utilizados assim para evitar os perigos que aí se poderiam apresentar.

---

19. FOUCAULT, op. cit., 1997, p. 59.
20. DONZELOT, op. cit., p. 180.

Na busca de produção das mais diferentes verdades sobre o adolescente, ele é convocado a falar de si, numa vasta investigação acerca do seu passado, de suas preferências, das expectativas quanto ao futuro, da relação estabelecida na família. Tudo como um exercício pelo qual se possa, segundo Foucault,

> [...] procurar a relação fundamental com a verdade, não simplesmente de si mesmo – em algum saber esquecido ou em certo vestígio originário – mas no exame de si mesmo que proporciona, através de tantas impressões fugidias, as certezas fundamentais da consciência[21].

Tomar consciência de si, eis o que consolida o sujeito individual e mais adiante o sujeito adolescente, capaz então de, perante as variadas experiências vividas, examinar-se ou deixar-se examinar, a fim de descobrir-se e tomar as suas decisões de maneira certa e segura.

Devemos considerar que na segunda metade do século XX ocorre uma transformação na organização social. Apesar de os dispositivos disciplinares ainda estarem presentes no cotidiano dos indivíduos, outras formas mais sofisticadas de controle social passam a ser utilizadas. Gilles Deleuze assinala que a contemporaneidade viu surgir as denominadas "sociedades de 'controle', que já não são exatamente disciplinares"[22]. Analisando essa transformação, esse autor considera que Foucault

> é um dos primeiros a dizer que as sociedades disciplinares são aquilo que estamos deixando para trás, o que já não somos. Estamos entrando nas sociedades de controle, que funcionam não mais por confinamento, mas por controle contínuo e comunicação instantânea[23].

Assim, as técnicas disciplinares compõem-se com as formas de controle sobre os indivíduos. Nas sociedades de controle as instituições não têm mais limites rígidos entre si ou mesmo a necessidade de confinamento para que suas metas sejam alcançadas. Elas se entrecruzam, chegando a se confundir em seus objetivos. Deleuze ainda chama a atenção para o fato de que até mesmo as instituições estão ameaça-

---

21. FOUCAULT, op. cit., p. 59.
22. DELEUZE, Gilles. *Conversações*. Rio de Janeiro: Editora 34, 1992, p. 215.
23. Id. Ibid., pp. 215-6.

das neste processo de transformação vivido na contemporaneidade. Na sua análise elas "estão condenadas, num prazo mais ou menos longo. Trata-se apenas de gerir sua agonia e ocupar as pessoas, até a instalação de novas forças que se anunciam"[24]. Podemos considerar que a organização social que ora vivemos tem se tornado cada vez mais complexa e com isso os dispositivos de poder tornam-se mais difíceis de ser detectados.

Quando nos referíamos a uma sociedade disciplinar, ainda era possível detectar com mais facilidade as formas de poder que incidiam sobre os indivíduos. Hoje, convivemos com diferentes formas de controle social, e muitas vezes não temos noção desses dispositivos. Modernas tecnologias, novas formas de relação afetiva e de trabalho vão surgindo na vida em sociedade em consonância com diferentes formas de controle. E todos estes elementos interferem também na questão da escolha profissional.

Diante dessas novas configurações de forças que passam a compor a realidade social contemporânea, Michael Hardt e Antonio Negri explicam que a passagem da sociedade disciplinar para a sociedade de controle

[...] não significa, de forma alguma, o fim da disciplina. Na realidade, o exercício imanente da disciplina – isto é, a autodisciplina dos sujeitos, os murmúrios incessantes de lógica disciplinar dentro das próprias subjetividades – é estendido ainda mais genericamente na sociedade de controle[25].

Dessa forma, a organização disciplinar ainda não desapareceu, continua presente e incidindo sobre os corpos para mantê-los, como mostrou Foucault, "dóceis"[26]. Entretanto, as formas de controle que estão sendo utilizadas nos últimos anos não se apossam apenas do corpo, elas buscam capturar também a subjetividade e o desejo do indivíduo. Temos assim uma confluência dos dispositivos disciplinares e de controle funcionando na contemporaneidade e provocando mudanças nos modos de subjetivação. A nosso ver, os dispositivos disciplinares não foram superados, mas sofreram um rearranjo no contexto das novas formas de controle.

---

24. DELEUZE, op. cit., p. 220.
25. HARDT, Michael e NEGRI, Antonio. *Império*. Rio de Janeiro: Record, 2001, p. 352.
26. FOUCAULT, Michel. *Vigiar e punir: história da violência nas prisões*. Op. cit., p. 118.

Vejamos como esse entrecruzamento de forças tem acontecido no que se refere à escolha profissional. A escolha profissional está diretamente ligada à invenção da adolescência e, nesse sentido, consideramos que também ela esteve e ainda se encontra sujeita à ação dos dispositivos disciplinares que relatamos, qual seja: o exame, o seqüestro e a confissão. Além disso, também sofre a ação das novas formas de controle social presentes hoje.

Primeiramente sabemos que a construção de um modo de subjetivação adolescente buscou, sobretudo no decorrer do século XX, diferenciá-lo e responsabilizá-lo por suas escolhas nos mais diferentes planos: sexual, de identidade, afetivo e profissional. No que diz respeito à profissão especificamente, os adolescentes que acolheram tal solicitação acabaram funcionando, por meio das relações estabelecidas com seus grupos, como multiplicadores da necessidade da definição profissional. Para Foucault, essa situação acontece na medida em que

> [...] o indivíduo não é o *vis-à-vis* do poder; é, acho eu, um de seus efeitos primeiros. O indivíduo é um efeito do poder e é, ao mesmo tempo, na mesma medida em que é um efeito seu, seu intermediário: o poder transita pelo indivíduo que ele constituiu[27].

Vemos então que o adolescente, além de ser capturado pela rede interinstitucional que o classificou e categorizou, ainda participa da reprodução e da difusão desse modo de subjetivação.

Nesse sentido, a escolha profissional passou a ser considerada pela sociedade um problema da adolescência que teria de ser resolvido com urgência. Assim, o seqüestro para o trabalho adulto encontrou na valorização da escolha profissional, operada no decorrer do século XX, uma maneira de ser iniciado. Podemos dizer que, do ponto de vista do seqüestro para o trabalho, a escolha profissional situa-se numa posição de preparação para ele, uma vez que chama a atenção dos adolescentes para as atividades e para as rotinas que eles deverão realizar quando adentrarem na realidade do trabalho. Aqui, o seqüestro utilizado como dispositivo originário na sociedade disciplinar se faz presente, mas já não incide apenas sobre o corpo e sobre o tempo

---

27. FOUCAULT, Michel. *Em defesa da sociedade: curso no Collège de France (1975-1976)*. São Paulo: Martins Fontes, 1999, p. 35.

dos homens, como dito por Foucault. As novas formas de controle emergentes que incluem a preparação para o seqüestro do trabalho aparecem para o adolescente na forma de uma "escolha livre" a ser feita. De acordo com uma concepção dominante, essa escolha pressupõe o exercício de uma suposta liberdade, por meio da qual o indivíduo poderia transitar por diferentes possibilidades profissionais. Entretanto, o que vemos configurar-se na atualidade não é exatamente esse quadro. Temos um entrecruzamento complexo de instituições que atravessam o processo de escolha do adolescente e com isso intensificam as expectativas em relação a seu futuro (questão que será tratada no Capítulo II).

Contudo, ao colocar a questão em termos de uma "liberdade de escolha", esta é idealizada de tal forma que captura o jovem tanto pelo desejo de uma descoberta supostamente livre quanto pelas solicitações para definir logo uma identidade profissional. Assim, o que aparece para o adolescente como uma "liberdade de escolha" é algo controlado e monitorado por uma complexa rede. A idealização dessa suposta "liberdade" ajuda a promover a captura da subjetividade que se manifesta no desejo pela descoberta de uma profissão correta.

O seqüestro do qual nos falava Foucault, ao analisar o século XIX, encontra na contemporaneidade maior efetividade quando incide sobre a subjetividade dos indivíduos. Colocar o trabalho como foco central, quase exclusivo da existência, exige um deslocamento do desejo que poderia estar investido nas mais diferentes dimensões da vida humana, mas que passa a ser, a partir desse seqüestro, direcionado prioritariamente para o trabalho.

Apesar de ter ocorrido nos últimos anos uma ampliação nas opções profissionais oferecidas ao adolescente, não podemos considerar que a experimentação se faz presente. Isso porque as profissões estão cada vez mais atreladas a um único norteador, qual seja, o capital. Facilmente se instala aí um raciocínio simplista: o que mais importa na profissão é o retorno econômico que ela implica.

Outro dispositivo que vimos funcionar na sociedade disciplinar refere-se à construção da verdade sobre si. As diferentes escolhas são apresentadas na sociedade contemporânea como característica distintiva do sujeito adolescente. Ele é antes de tudo aquele que escolhe. Uma vez historicamente individualizado, o adolescente vê-se diante de opções. A questão é que, assim como a adolescência foi socialmente construída, a escolha também o foi como procedimento para a produção de uma verdade sobre o sujeito. Nesse dispositivo, que comporta o que Foucault chamou de confissão, colocam-se à disposição do adolescente diferentes profissionais, entre os quais os psicólogos e os pedagogos são considerados capacitados para realizar essa escuta.

Assim, o adolescente é solicitado permanentemente a falar sobre suas preferências e, mais do que a dúvida, seu silêncio ou desinteresse são traduzidos como um grande problema. As estratégias metodológicas utilizadas por esses profissionais para alcançar as supostas verdades são cada vez mais difundidas na sociedade, como é o caso dos testes vocacionais. Com isso tais profissionais veiculam uma imagem de credibilidade em sua prática, sendo solicitados com mais e mais freqüência para facilitar a decisão e promover a definição de uma identidade profissional.

Cabe então analisar se essa prática não encerra exatamente o lugar de escuta como uma "confissão" que, com isso, vem engendrando no sujeito a busca de uma verdade acerca de seu futuro profissional em contraposição ao caráter em aberto que a experimentação da profissão pode vir a comportar. Se a verdade sobre si consiste em algo a ser descoberto livremente pelo sujeito, com a ajuda do profissional que o acompanha, temos aí a tentativa de revelar uma verdade oculta sobre o sujeito. Dessa forma, ambos ficam presos nas armadilhas da confissão e, portanto, reproduzem algo que provavelmente irá culminar com o seqüestro do trabalho.

Outro aspecto a ser analisado é que a adolescência tem sido caracterizada por diversos autores como uma etapa de crises. Porém, ante uma realidade ocupada por expectativas sociais e seus dispositivos de controle, a crise fabricada para o adolescente acaba sem espaço para se manifestar, uma vez que o tempo livre para vivenciá-la vem sendo preenchido com uma carga excessiva de atividades, a título de qualificação complementar. A vida do jovem é então tomada por cursos de línguas, por cursos preparatórios para o vestibular, pelas aulas de informática, entre outros. Perante esse quadro de uma solicitação crescente de atividades a serem executadas, a crise é invadida. A demanda de um espaço livre onde seja possível vivê-la permanece insatisfeita diante de tudo o que se tem para fazer.

Assim, podemos dizer que as escolhas do adolescente, tão valorizadas e incentivadas, acabam comportando uma dimensão ilusória na contemporaneidade. Essa ilusão é sustentada por dispositivos de controle, muitas vezes sutis, que acabam idealizando tanto a decisão quanto a profissão propriamente dita. Consideramos em primeiro lugar que de forma alguma a escolha, remetida às expectativas sociais, acontece livremente. Outrossim, como veremos, ela é atravessada por uma rede institucional que monitora o adolescente e difunde a necessidade de escolhas rápidas para a inserção imediata no mundo do trabalho. Por vezes, a atribuição de liberdade à escolha profissional chega a desconsiderar totalmente a dificuldade de inserção no mercado de trabalho que ora vivemos.

Em segundo lugar, a escolha certa torna-se uma ilusão na medida em que é tomada como única, ou seja, depois de ultrapassar o obstáculo da escolha profissional, tudo está resolvido. É como se o sujeito, ao superar a etapa da adolescência, estivesse isento de uma série de outras escolhas ou de outras "crises", desabrochando para a "estabilidade e harmonia" do mundo adulto garantido pela maturidade. Na tentativa de realizar a escolha correta, facilmente se nega o fato de que, no decorrer da vida profissional, o sujeito se depara, outras infinitas vezes, com novas situações de decisão, as quais poderão levá-lo por novos caminhos, até então nem sequer pensados.

Como complemento do percurso histórico que ora realizamos, destacaremos alguns pontos que achamos fundamentais para avançar na análise do vínculo estabelecido com a profissão. A decisão profissional não nos parece única e tampouco exclusiva do adolescente. Ao contrário, ela vai se atualizando durante o processo de construção e desconstrução não apenas da profissão, mas de algo mais amplo que é a própria trajetória de vida. Nesse processo há um entrecruzamento de forças que estão em constante luta. Ocasionalmente algumas dessas forças se revelam vencedoras. Quando esse dinamismo não é considerado, perde-se a dimensão histórica das escolhas e com isso se nega o fato de que, se em determinado momento uma escolha foi julgada como a "correta e verdadeira", este julgamento não tem garantias de permanência no decorrer da existência.

Ressaltamos também que, em vez de uma escolha profissional adolescente ser tomada como algo inerente, algo natural da vida humana, tanto a adolescência quanto as escolhas que a caracterizam são invenções datadas historicamente. Assim, no lugar das expectativas dominantes que idealizam a adolescência, atribuindo-lhe, de maneira romântica, uma liberdade absoluta de escolha, temos uma adolescência historicamente inventada e atravessada por diversos dispositivos de controle, entre os quais se destacam hoje as leis excludentes do mercado de trabalho, as expectativas familiares, tal como a ação bem medida de profissionais de *marketing*, que hipervalorizam algumas profissões, conferindo-lhes *status* e supostas garantias de um futuro promissor. Mas, acima de tudo, deparamo-nos com uma adolescência submetida à ilusão de que a escolha profissional, uma vez feita, será única e duradoura para toda a vida.

Assim, a nosso ver, o grande valor atribuído na atualidade à escolha de uma profissão pretende, como no início do século XIX, estreitar os vínculos entre sujeito e trabalho. Porém, neste momento histórico, busca incorporar nessa relação outras dimensões, como a captura da subjetividade e do desejo, os quais passam a ser essenciais para manutenção da organização econômica produtiva.

Por fim, gostaríamos de mostrar que, apesar de toda a rede de poder, tanto disciplinar quanto de controle, que incide sobre a existência humana na contemporaneidade, ela não é suficiente para esquadrinhá-la. Na tentativa de abandonar as verdades edificadas em relação à adolescência e à escolha profissional, procuraremos no próximo capítulo considerar as possibilidades de resistência a estes dispositivos de controle. E, a partir disso, buscaremos também acolher em nossa análise a potência que a vida humana comporta como um devir, uma criação permanente, que não se deixa reduzir a uma categorização etária ou comportamental.

2

Relações de poder e profissão

A preocupação com a escolha da profissão, conforme vimos no capítulo anterior, torna-se mais importante na medida em que a organização econômica capitalista se expande, intensifica as relações com o trabalho e atribui ao indivíduo a responsabilidade de definir sua atividade profissional futura. O que analisaremos agora é a maneira como este vínculo entre indivíduo e profissão se configuram na atualidade, sendo permanentemente atravessado pelo que Foucault denomina relações de poder.

As relações de poder são complexas. Elas produzem e difundem seus efeitos na esfera social, atuando local e globalmente. Toda a sociedade é atravessada pelas relações de poder; estas envolvem tanto a rede poder-saber quanto as estratégias de resistência. É por meio das lutas e dos afrontamentos entre ambas que a vida em sociedade sofre permanentes transformações, variando suas configurações e os modos de subjetividade nas diferentes épocas históricas.

Comecemos nossa análise pela rede poder-saber. Um dos efeitos desta rede é a consolidação da noção de indivíduo que pudemos acompanhar no Capítulo I. Ao mesmo tempo que a noção de indivíduo foi sendo construída ao longo da história, diversos dispositivos de poder foram produzindo efeitos que favoreciam essa consolidação. Para Foucault, a produção do indivíduo está diretamente relacionada às ações do poder, visto que estas se aplicam

[...] à vida cotidiana imediata que categoriza o indivíduo, marca-o com sua própria individualidade, liga-o à sua própria identidade, impõe-lhe uma lei de verdade, que devemos reconhecer e que os outros têm de reconhecer nele. É uma forma de poder que faz dos indivíduos sujeitos[1].

Na medida em que a rede poder-saber liga o indivíduo a uma identidade, esta passa a ser considerada uma categoria de reconhecimento e inserção social. Ao mesmo tempo, trata-se de um dispositivo de controle pelo qual esse mesmo indivíduo pode ser localizado nas mais diferentes dimensões da vida. Com a categoria identidade pretende-se definir o que o sujeito é, conferindo à história individual uma continuidade.

Ao produzir um saber que liga o indivíduo a uma identidade reconhecida por ele e pelos demais membros da sociedade, a rede poder-saber busca atribuir-lhe uma unidade. A atividade profissional é uma das dimensões que ajuda a compor essa unidade na medida em que o indivíduo se torna reconhecido a partir daquilo que faz. Nesse sentido, a definição de uma identidade profissional torna-se alvo de investigação e investimento pela referida rede, visto que, com a escolha profissional, é possível produzir um discurso de verdade sobre o sujeito e supostamente garantir a sua produtividade por meio do trabalho.

Como toda a produção dessa rede busca investigar o cotidiano e o discurso dos próprios indivíduos que participam ativamente desse processo, torna-se muitas vezes difícil reconhecer a maneira como a produção desses saberes se articula com as formas de poder, engendrando os regimes de controle que incidem sobre a existência. Ainda mais quando seus efeitos são socialmente justificados e valorizados por esses mesmos indivíduos mediante uma moral do trabalho. Para Foucault: "É preciso a operação ou a síntese operada por um poder político para que a essência do homem possa aparecer como sendo a do trabalho"[2]. Dessa forma, a atividade profissional acaba sofrendo uma naturalização, que serve para estreitar a ligação entre indivíduo, trabalho e identidade.

---

1. FOUCAULT, Michel. O sujeito e o poder. In: RABINOW, Paul e DREYFUS, Hubert L. *Michel Foucault, uma trajetória filosófica: para além do estruturalismo e da hermenêutica*. Rio de Janeiro: Forense Universitária, 1995, p. 235.

2. Id. *A verdade e as formas jurídicas*. Rio de Janeiro: Nau Editora, 1990, p. 124.

Foucault chama a atenção também para o fato de que a rede poder-saber não atua pelo uso de uma extrema repressão, mas pela positividade, ou seja, ela produz e difunde seus efeitos sobre o cotidiano dos indivíduos. Para o filósofo,

> [...] se o poder só tivesse a função de reprimir, se agisse apenas por meio da censura, da exclusão, do impedimento, do recalcamento, à medida de um grande superego, se apenas se exercesse de um modo negativo, ele seria muito frágil. Se ele é forte, é porque produz efeitos positivos a nível do desejo – como se começa a conhecer – e também a nível do saber[3].

Esses efeitos positivos do poder se fazem presentes na medida em que o indivíduo pode se identificar, aderir e desejar o que lhe é apresentado como resultado dos saberes elaborados. Ao produzir um discurso de verdade que liga o indivíduo a uma identidade profissional e, encontrando respaldo social para efetuar essa ligação, o poder estende seus efeitos de modo que o próprio indivíduo passe a desejar a posse de uma identidade. As formas de controle produzem efeitos positivos de poder enquanto vão atribuindo ao sujeito um lugar diferenciado, ou seja, uma respeitabilidade diretamente ligada ao conhecimento que este acumula a partir da sua preparação para o trabalho. Assim, definindo uma profissão e investindo na sua formação, esse indivíduo é autorizado a falar em nome da ciência, conquistando então uma legitimidade social para sua ação como profissional.

Para avançar nesta discussão, consideramos importante ressaltar a existência, em nossa organização social contemporânea, de alguns dispositivos de controle que atravessam diretamente a questão profissional. Ou seja, existe uma articulação realizada pela rede poder-saber que coloca vários segmentos da sociedade, várias instituições, a interferir sobre os processos de decisão profissional, fazendo com que a sua urgência e a sua necessidade sejam acolhidas como requisitos para a sobrevivência. Passaremos a denominá-la "atravessamentos", pois, na sociedade de controle, não temos uma instituição específica incidindo exclusivamente sobre a escolha da profissão. Temos, outrossim, um entrecruzamento complexo da rede poder-saber que monitora esse

---

3. FOUCAULT, Michel. Corpo – poder. In: *Microfísica do poder*. 12. ed. Rio de Janeiro: Edições Graal, 1996, p. 148.

processo de decisão por meio do que Hardt e Negri denominam uma "horizontalidade dos circuitos de controle"[4].

Vale destacar que cada um desses atravessamentos envolve uma complexidade de forças, ou seja, coexistem neles forças de diferentes tipos. Como elas estão em constante luta, a escolha se dá justamente no entrecruzamento e no embate que são permanentemente desencadeados. Nesse sentido, acreditamos não existir simplesmente um sujeito que realiza sua escolha individualmente, mas um sujeito que está o tempo todo sendo atravessado e afetado por diversas forças, de cujas afetações emergem as escolhas.

A maneira como os indivíduos vêm se subjetivando no que diz respeito à profissão acompanha esse movimento da organização social contemporânea e, com isso, de acordo com Hardt e Negri, "as subjetividades tendem a ser produzidas simultaneamente por numerosas instituições em diferentes combinações e doses"[5]. É justamente essa mutabilidade que se revela nas formas de controle que ora vivemos. Assim, passaremos a tratar quatro atravessamentos que a nosso ver estão presentes na construção do vínculo com a profissão, ajudando a compor um cenário que caracteriza as formas de controle que incidem sobre esta experiência, a saber: a família, a mídia, o mercado de trabalho e a escola. Mas destacamos que esta rede constitui uma multiplicidade que não se esgota neste recorte.

Consideremos então o primeiro atravessamento. A família é uma das instituições que ajudam a produzir os modos de subjetivação que vigoram em nosso tempo. Historicamente construída, ela se encontra em constante transformação e intervém nos diversos setores de nossa sociedade, sendo tomada, em sua configuração atual, como uma referência para a organização econômica, política e social.

No decorrer do século XX, a família sofreu diversas transformações no que se refere aos valores que lhe davam sustentação. Sobre tais transformações, Cynthia Sarti explica:

> No mundo contemporâneo, as mudanças ocorridas na família relacionam-se com a perda do sentido da tradição. Vivemos numa sociedade onde a tradição vem sendo abandonada como em nenhuma outra época da História. Assim, o amor, o casamento, a família, a sexualidade e o trabalho, antes vi-

---

4. HARDT, Michael e NEGRI, Antonio. *Império*. Rio de Janeiro: Record, 2001, p. 352.
5. Id. Ibid., p. 353.

vidos a partir de papéis preestabelecidos, passam a ser concebidos como parte de um projeto em que a individualidade conta decisivamente e adquire cada vez maior importância social[6].

Temos, então, que a família comporta um campo de forças em que convivem os aspectos mais tradicionais ligados à organização familiar burguesa (os quais, segundo a autora, encontram-se menos investidos) bem como a abertura para rupturas com esse vínculo mais rígido, como, por exemplo, o desinvestimento das relações sociais mais duradouras, o que caracteriza o crescente individualismo que ora vivenciamos.

Uma vez que os papéis sociais preestabelecidos como referência já não encontram uma adesão incondicional por parte da esfera social, constrói-se a idéia de que a família se encontra em crise. Entretanto, o que queremos resgatar é a dimensão histórica em que esta instituição se situa, sendo afetada por diferentes forças, o que tem desencadeado, de forma acelerada, diversas rupturas e mudanças em seu modo de funcionamento.

Interferindo diretamente sobre a instituição familiar, a questão econômica ganha destaque e atravessa a escolha. Ao conquistarem a independência financeira pelo ingresso no mundo do trabalho, os filhos liberam a família de diversos gastos, mas principalmente da preocupação com o seu futuro. Nesse sentido, a indecisão pode ser traduzida como perda de tempo, por representar mais gastos com a preparação para o trabalho e com o atraso no acesso ao mundo profissional. Em conseqüência disso, cresce a demanda pela aprovação num curso universitário como forma de colocação profissional. Essa demanda é elaborada tanto pelos pais quanto pelos próprios jovens, na medida em que estes acolhem tais exigências e as colocam como suas.

Pode ainda acontecer de os pais, com base em suas próprias histórias e nas idealizações por eles construídas, passarem a almejar para os filhos aquilo que não tiveram oportunidade de concretizar em suas próprias vidas, notadamente na esfera profissional. Com isso a intervenção da família passa a ser mais incisiva, buscando a adesão dos fi-

---

6. SARTI, Cynthia. Família e individualidade: um problema moderno. In: CARVALHO, Maria do Carmo. *A família contemporânea em debate*. São Paulo: Educ/Cortez, 1995, p. 43.

lhos para o investimento em um projeto que não é necessariamente deles, mas dos pais. Essas expectativas podem gerar uma série de conflitos, visto que reconhecer as mudanças nas correlações de forças presentes na dinâmica familiar, bem como tomar em consideração o desejo do filho como diferente do desejo dos pais, pode causar certo temor. Para Eduardo Kalina e Halina Grynberg, as mudanças introduzidas pelos filhos são temidas

> [...] porque elas pressupõem mudanças nos próprios pais, que nem sempre estão dispostos a enfrentá-las. Já que mudar implica, existencialmente, suportar a incerteza das coisas não definitivas. Reconhecer que nada que se faz é eterno e que as coisas mudam e se movimentam por mais que se procure retê-las entre os dedos[7].

Quando analisamos a posição dos pais nesse processo, fica claro que lhes é demandado um nível de elaboração em suas próprias experiências e também no vínculo que estabeleceram com a sua atividade profissional. Existe todo um sofrimento psíquico na busca da independência dos filhos, haja vista a necessidade de mudança que seus papéis deverão sofrer. Assim, podemos considerar que a dinâmica estabelecida até então na vida dos pais também demanda a invenção de novos lugares e de novas possibilidades para lidar com essas questões que emergem. Tal invenção, que poderia ocorrer de maneira fluente, muitas vezes provoca estranhamento, devido, além de outros fatores, à cristalização dos papéis sociais assumidos até o momento e que agora sofrem uma falência.

A hierarquia de valores estabelecida dentro da vida familiar durante a infância dos filhos ganha, diante dessa falência, outra dimensão. Sobre este contexto, Kalina e Grynberg mostram ainda que "quando os filhos crescem com suas dúvidas começam a pôr em questão os princípios até então aceitos como definitivos"[8]. Assim, a introdução dessas questões tende a ameaçar o grupo. Daí a dificuldade dos pais em se aproximar da experiência vivida pelos filhos, visto que se abrir para o adolescente implica o questionamento de seus próprios papéis de pais, bem como das escolhas que eles fizeram. Tal fragilidade abre espaço para a emergência dos conflitos até então evitados e para

---

7. KALINA, Eduardo e GRYNBERG, Halina. *Aos pais de adolescentes*. Rio de Janeiro: Francisco Alves, 1985, p. 31.
8. Id. Ibid., p. 28.

o reconhecimento das possibilidades abandonadas pelos adultos, muitas vezes carregadas de idealização e mesmo de frustração, mas que nesse momento passam a ser retomadas, questionadas e, quem sabe, realizadas pelos filhos. Com isso reabrem-se os conflitos, reativam-se os fantasmas e instauram-se situações inusitadas na dinâmica familiar.

Nesse sentido, por mais que as forças homogeneizadoras tendam a cristalizar e hierarquizar os papéis da família por interesses econômicos e políticos ligados à manutenção de sua forma instituída, ainda assim as forças de resistência e de transformação se fazem presentes nesta instituição.

Deleuze, analisando a criança e sua forma de experimentação do mundo que a cerca, mostra que nesse processo os pais não são centrais, mas desempenham "a função de abridores ou fechadores de portas, guardas de limiares, conectores ou desconectores de zonas. Os pais estão sempre em posição num mundo que não deriva deles"[9]. No entrecruzamento de forças com as quais o jovem se depara, em particular na escolha profissional, os pais são mais uma entre tantas outras forças aí existentes. Suas opiniões não representam uma referência exclusiva e única, apesar da afetividade com que possam ser investidas. É justamente esta não-exclusividade que coloca a instituição família num processo de transformação e sobretudo nos impede de tomá-la como definidora da escolha do jovem. Trata-se, outrossim, de mais um atravessamento que, junto com uma multiplicidade de outras forças, também participa do embate.

Outro dispositivo de controle contemporâneo que atravessa a escolha profissional é a mídia. Ao examinarmos a questão da mídia, encontramos um campo complexo e uma aliança fortemente estabelecida com a rede de poder-saber que vigora em nossa sociedade. Como no decorrer dos anos a mídia vem conquistando novas formas de atingir a população, a abrangência dos temas por ela tratados também é crescente. Analisando a sociedade contemporânea, Hardt e Negri consideram que a mídia faz parte das novas "estruturas globais de poder"[10], funcionando como veículo de difusão dos principais valores capitalistas voltados para a produção e o consumo. Dessa forma, a mídia também ajuda a compor modos de subjetivação e participa ativamente da construção da vida em sociedade.

---

9. Deleuze, Gilles. *Crítica e clínica*. São Paulo: Editora 34, 1997, p. 74.
10. Hardt e Negri, op. cit., p. 333.

Quando nos voltamos especificamente para as profissões, constatamos que também aí a mídia está sempre intervindo. É por diferentes programas e campanhas publicitárias que se aborda recorrentemente a questão das profissões nos meios de comunicação. Encontramos na maneira como a mídia veicula a problemática da escolha profissional alguns dispositivos de controle social que passaremos a tratar.

Uma das formas de abordar o tema que merece destaque é a tentativa de vincular a profissão às mercadorias e seus correlatos de sucesso, lucro e poder. Com isso, encontramos de tempos em tempos algumas profissões demasiadamente valorizadas pela mídia, eleitas como ideais e cujas vantagens são colocadas em evidência para garantir, segundo sua concepção, a escolha profissional realizada como operação de consumo. Nessa direção, o consumo de um modo de vida está ligado à construção de modelos de identidade profissionais, colocados à disposição dos consumidores, os quais são valorizados e difundidos pela mídia. Estando o consumidor identificado com tais modelos, a construção subjetiva que poderia ser um ato de criação passa a priorizar a reprodução deles como ideais.

Encontramos também na mídia um apelo emocional utilizado para tencionar ainda mais a escolha. Reforçando a representação da crise e dos conflitos como características decorrentes da dúvida, vende-se a idéia de que logo após a escolha esse mal-estar será superado ou abolido, apontando para um futuro promissor. A distância que se coloca entre o que é apresentado pela mídia como ideal e a experiência de cursar uma universidade, ou mesmo a atividade a ser exercida no trabalho propriamente dito, acaba, em algum momento, sendo vivenciada. Dessa forma, o que é vivido no real fica aquém das expectativas idealizadas, dando margem para a emergência da insatisfação ante a escolha profissional realizada.

A maneira como a mídia aborda a escolha profissional representa assim um campo complexo que, na maioria das vezes, traduz os interesses da organização econômica capitalista de inserção rápida no mercado, para favorecer a produção. Entretanto, no caso da construção subjetiva, Félix Guattari chama a atenção para a importância da criação de diferentes universos de referência que possibilitem reverter "a mass-midiatização embrutecedora, à qual são condenados hoje em dia milhares de indivíduos"[11].

---

11. GUATTARI, Félix. *Caosmose: um novo paradigma estético*. São Paulo: Editora 34, 1998, pp. 15-6.

Sendo a mídia um veículo de comunicação utilizado para favorecer o controle e a massificação, fica mais difícil encontrar programações nas quais se encontrem as estratégias de resistência ou os espaços de criação. Isso não quer dizer que eles não existam. Afinal, é por intermédio da mídia que temos acesso a novos e diferentes campos que se vêm destacando como alternativos em termos profissionais. Temos hoje, por exemplo, um crescimento na área da informática, com a internet, que vem funcionando também como porta de acesso às possibilidades de variação do exercício profissional em diferentes campos.

Na contemporaneidade, diante da evolução tecnológica que vem ocorrendo principalmente nesta área, podemos estar ante novas forças que, para Guattari, "são talvez capazes de nos fazer sair do período opressivo atual e de nos fazer entrar em uma *era pós-mídia*, caracterizada por uma reapropriação e uma re-singularização da utilização da mídia"[12]. Assim, faz-se necessário reconhecer que, apesar de toda a tendência de reprodução dos valores dominantes, a mídia se depara permanentemente com novas correlações de forças e diferentes dimensões da vida e, nesse sentido, pode tornar-se uma potência por meio da qual seja possível problematizar questões contemporâneas, abrindo espaços para rupturas e formas de resistência.

O denominado mercado de trabalho pode ser considerado outra forma de controle presente nos processos de escolha profissional. Numa sociedade onde a taxa de desemprego não pára de subir, as regras que movimentam o mundo do trabalho vigoram desde muito cedo. Afinal, segundo o ponto de vista do mercado, um trabalhador empregável é aquele que possui um perfil cada vez mais elaborado e diferenciado. Com isso, as exigências são crescentes e, sob essa ótica, quanto mais capacitado o sujeito for, mais condições tem de ser absorvido no mercado de trabalho, que se torna cada dia mais excludente.

Com medo da exclusão, o futuro trabalhador abre mão da possibilidade de pensar e de se posicionar mais criticamente, sendo no entanto solicitado a dedicar à profissão toda sua energia e seu interesse. Para Eugène Enriquez, a finalidade dessa dedicação exclusiva ao trabalho é evidente e pressupõe "a adesão, a implicação, a mobilização total de todos, quer dizer, uma psique sem conflitos, uma psique a serviço da organização; sejamos claros: a uniformização da

---

12. GUATTARI, op. cit., p. 16.

psique"[13]. O indivíduo preocupado em não ser excluído do mundo do trabalho acaba se identificando com tais valores, assumindo uma atitude de reprodução e adesão.

Uma das implicações dessa crescente exclusão está na valorização do trabalho acima de todas as outras possibilidades da vida, o que contribui para empobrecê-la. E ainda assim existe, segundo Enriquez, uma grande parcela de trabalhadores que não encontra espaço nesse mercado competitivo e, mesmo "aceitando as regras do novo jogo, são esquecidos ou eliminados por responderem insatisfatoriamente (ou por não mais responderem) aos critérios de 'excelência', à obrigação da *performance* sempre a ser renovada"[14].

As exigências do mercado tornam-se cada vez maiores e vão desde o preparo intelectual e técnico até características físicas, como saúde e beleza. Uma vez que a tecnologia avança na produção de máquinas que substituem a mão-de-obra humana, dispensando o esforço físico, as exigências recaem principalmente sobre a subjetividade.

Para alcançar esses patamares de exigência ditados pelo mercado e veiculados sobretudo pela mídia, não se medem esforços, mesmo que isso implique a anulação de outras dimensões da existência. Exigem-se qualidade total, erro zero, qualificação permanente, e ainda temos uma completa intolerância a tudo o que coloque em risco o ideal de perfeição. Nesse sentido, a competitividade se torna crescente e aumenta a vigilância entre os próprios profissionais, incitando processos muitas vezes destruidores das relações grupais. Assim, o trabalho acaba sendo colocado à frente de tudo para garantir um futuro promissor. Mas o que é possível visualizar nesse futuro? Mais trabalho, mais exigências a serem cumpridas, patamares mais distantes de qualidade a serem alcançados. E dessa forma a vida acaba sendo adiada para um depois que não se atualiza. Com isso, encontramo-nos em uma sociedade onde a "monetarização" da vida acontece de maneira desenfreada e cujo único objetivo realmente importante está na promoção de ganhos individuais.

Na contemporaneidade, o capitalismo vem descobrindo o valor da subjetividade para o trabalho e se apropriando dela a fim de torná-la mais uma fonte para gerar capital. Nesse sentido, o mercado está cada vez mais voltado para profissionais que sejam flexíveis, inovado-

---

13. ENRIQUEZ, Eugène [et al.]. *Psicossociologia: análise social e intervenção*. Rio de Janeiro: Ed. Vozes, 1994, p. 46.
14. Id. Ibid., p. 53.

res e criativos, situando-se nesse contexto a demanda pela qualificação permanente. Hardt e Negri observam: "Hoje o trabalho é, de imediato, uma força social animada pelos poderes do conhecimento, do afeto, da ciência e da linguagem"[15], o que lhe confere um *"poder expansivo"*[16]. A subjetividade torna-se então uma força cujo poder de criação e de invenção passa a ser alvo de seqüestro pelo mercado que consegue, por meio dela, otimizar a produção de mais capital.

Assim, mesmo diante dos dispositivos de controle que incidem sobre o trabalhador, parece-nos que esta valorização da subjetividade abre espaço para emergência de novas forças que podem ajudar a compor outros modos de construir o vínculo com o trabalho. Quando novas forças entram no embate para a construção da subjetividade, esta, segundo Peter Pál Pelbart, reinventa suas "resistências, muda suas estratégias, produz incessantemente suas linhas de fuga, refaz suas margens"[17]. Pode-se considerar, por exemplo, que, ao incorporar a afetividade e a subjetividade de forma sistemática no mundo do trabalho, mesmo que isso venha a aumentar os índices de produtividade, essas dimensões da vida podem introduzir novas formas de resistência e possibilitar a reinvenção do vínculo com a profissão.

Mesmo que ainda não estejam participando diretamente desse cenário de transformação nas relações de trabalho, jovens e adultos que se encontram envolvidos com o processo de construção profissional são atravessados por ele. Isso se dá por múltiplas fontes, entre as quais se destacam as informações veiculadas pela mídia, a experiência vivida por pessoas próximas e pela própria escola. De diferentes lugares e com variadas estratégias a realidade do mercado de trabalho acaba sendo conhecida. De qualquer maneira, tais transformações são tomadas como mais um norteador que atravessa e ajuda a controlar o processo de escolha.

Outro dispositivo de controle contemporâneo presente na escolha da profissão está na interpenetração entre as empresas e as escolas. Nessa combinação, o investimento na profissão ganha contornos de uma *"formação permanente"*[18] que passa a ser controlada e moni-

---

15. HARDT e NEGRI, op. cit., pp. 379-80.

16. Id. Ibid., p. 380.

17. PELBART, Peter Pál. *A vertigem por um fio: políticas da subjetividade contemporânea.* São Paulo: Iluminuras, 2000, p. 14.

18. DELEUZE, Gilles. *Conversações.* Rio de Janeiro: Editora 34, 1992, p. 221.

torada por ambas, visto que, a cada grau de qualificação alcançado, novas exigências de formação são requeridas. Isso faz com que o trabalhador se sinta sempre aquém das demandas de qualificação exigidas pelo mercado.

Podemos dizer que esse processo de formação permanente representa uma nova forma de seqüestro da subjetividade para o trabalho, uma vez que é a partir dessa formação que o indivíduo passa a ser autorizado a produzir novos saberes e novos discursos de verdade nas mais diversificadas áreas de conhecimento. Trata-se também de um seqüestro do tempo livre do sujeito, já que a qualificação precisa ser feita fora da jornada de trabalho. Assim, ao mesmo tempo que a rede poder-saber produz a demanda por indivíduos que sejam profissionalizados e especializados, estes mesmos indivíduos são autorizados e solicitados a elaborar novos saberes, passando então a falar em nome da verdade científica. Essa dinâmica é válida especialmente para o profissional de nível superior, cuja formação depende da universidade, mas também se estende a outros graus de escolaridade, visto que estes funcionam com base nos conhecimentos produzidos pelas instituições universitárias e de pesquisa.

Nesse sentido, podemos encarar a universidade como um lugar privilegiado para a produção dos mais diferentes saberes, os quais, por sua vez, poderão vir a se reverter em novos dispositivos de controle a serem utilizados pela rede poder-saber. A universidade, como uma das instituições que se propõem a formar novos profissionais, possui uma responsabilidade ética e política nesse processo. Ao analisar a produção de saberes, baseado na obra de Foucault, Roberto Machado diz:

> Todo conhecimento, seja ele científico ou ideológico, só pode existir a partir de condições políticas que são as condições para que se formem tanto o sujeito quanto os domínios de saber. A investigação do saber não deve remeter a um sujeito de conhecimento que seria sua origem, mas a relações de poder que lhe constituem. Não há saber neutro. Todo saber é político[19].

Podemos considerar que a universidade e por extensão todo o processo educacional também fazem parte das relações de poder e seus efeitos têm repercussão direta nos rumos da vida em sociedade.

---

19. Machado, Roberto. Por uma genealogia do poder. In: Foucault, Michel. *Microfísica do poder*. Op. cit., p. XXI.

Esses quatro atravessamentos que acabamos de analisar, acrescidos de outras forças, fazem-se presentes no processo de construção do vínculo com a profissão e, dessa forma, ajudam a compor modos de subjetivação, os quais, na contemporaneidade, têm se tornado mais móveis e flexíveis. O mundo do trabalho acompanha essa mobilidade e, com isso, refaz seu funcionamento, produzindo dispositivos de controle que se encontram distribuídos no campo social, atuando de forma mais sutil e contextualizada. Entretanto, mesmo com essas transformações, a organização capitalista não deixa de produzir as formas de exploração decorrentes desse processo.

Apesar disso, as relações de poder são bem mais amplas e complexas. Como vimos no início deste capítulo, as redes de poder-saber não atuam sozinhas, mas confrontam-se com as estratégias de resistência ao poder. Se em larga escala os indivíduos acolhem os valores difundidos pela rede poder-saber, este quadro não se encontra cristalizado, apesar de não podermos deixar de considerar sua força. Nesse sentido, Foucault escreve:

> Se é verdade que no centro das relações de poder e como condição permanente de sua existência, há uma "insubmissão" e liberdades essencialmente renitentes, não há relação de poder sem resistência, sem escapatória ou fuga, sem inversão eventual; toda relação de poder implica, então, pelo menos de modo virtual, uma estratégia de luta[20].

As relações de poder só podem ser entendidas nessas lutas. É justamente pelas formas de resistência ao poder que se torna possível encontrar espaços para fugir ao projeto que busca tornar a vida humana controlável pelas instâncias que se apresentam como produtoras dos saberes e dos discursos de verdade. Essa resistência pode se estender a todo procedimento de "aquisição" de uma identidade, incluída a profissional. Resistir a esta última implica não se render às novas formas de seqüestro para o trabalho que estão presentes na contemporaneidade.

Vale considerar que a resistência, assim como o poder, só pode ser reconhecida por seus efeitos. Foucault, ao analisar as formas de resistência, mostra que essas podem acontecer mediante "grandes rup-

---

20. FOUCAULT, Michel. *O sujeito e o poder*. Op. cit., p. 248.

turas radicais"[21], provocando transformações na organização social mais ampla. Entretanto, é mais comum se configurarem como

> pontos de resistência móveis e transitórios, que introduzem na sociedade clivagens que se deslocam, rompem unidades e suscitam reagrupamentos, percorrem os próprios indivíduos, recortando-os e os remodelando, traçando neles, em seus corpos e almas, regiões irredutíveis. Da mesma forma que a rede das relações de poder acaba formando um tecido espesso que atravessa os aparelhos e as instituições, sem se localizar exatamente neles, também a pulverização dos pontos de resistência atravessa as estratificações sociais e as unidades individuais[22].

A resistência não é uma simples oposição ocasional às formas de poder; ela se estende pela rede social produzindo rupturas na aparente continuidade e permanência que as formas e os regimes de poder tentam imprimir por meio da organização social. Quando os efeitos de poder sofrem uma inversão pela ação da resistência, a aparente unidade e coerência que lhe davam suporte são colocadas em xeque, provocando a desestabilização daquilo que até então era tido como verdade irredutível. Nesse sentido é que a resistência se afirma como uma luta.

Historicamente, houve um investimento no sentido de consolidar a noção de indivíduo como aquele que é constituído por um todo e não admite divisão. Porém, podemos perceber, também com Foucault, que essa noção não pode ser sustentada, visto que no mesmo indivíduo coexistem tanto as formas de poder quanto os pontos de resistência. Ambos deflagram lutas que atravessam as estratificações sociais bem como as unidades individuais introduzindo rupturas, descontinuidade e conflito nessa suposta unidade. Assim, o sujeito que aqui aparece é o sujeito fragmentado.

Nessa batalha é que podemos entender as relações de poder. Pela resistência, torna-se possível, em vez de unicamente reproduzir os valores difundidos pelas redes de poder, articular formas diferenciadas de construção subjetiva pelo contato com o mundo social. O que Foucault destaca é que isso se dá de forma circunstancial, e não previsível. Os focos de mudança e resistência, bem como as instâncias de poder, estão sempre em revezamento, mas não podem ser atribuídos a indi-

---

21. FOUCAULT, Michel. *História da sexualidade I: a vontade de saber*. Op. cit., p. 92.
22. Id. Ibid.

víduos ou a grupos específicos. Encontram-se em trânsito e articulam-se nas relações sociais. Portanto, como já dissemos, não é possível localizá-los, a não ser por seus efeitos. Assim, as relações de poder comportam uma atividade política incessante em seus embates, e para Foucault essa tarefa política "é inerente a toda existência social"[23].

As formas de resistência introduzem rupturas também na aparente continuidade que se possa vislumbrar nos projetos de vida profissionais. Justamente por isso elas se tornam temidas e, por vezes, precisam ser abafadas ou justificadas como momentos de crise a serem superados com o tempo. O fato é que tais rupturas acabam por transformar também a ordem instituída das carreiras profissionais e muitas vezes colocam em xeque os saberes e os discursos de verdade tidos como consolidados, aumentando a necessidade de controle e mesmo de desqualificação das ações que seguem rumo ao questionamento e à ruptura com o cristalizado.

Nos processos de formação profissional, incluindo-se os que envolvem a passagem pela universidade, essa resistência também pode ser encontrada. Nesse caso, Foucault mostra que as formas de resistência "são uma oposição aos efeitos de poder relacionados ao saber, à competência e à qualificação: lutas contra os privilégios do saber"[24], privilégios que, de certa forma, autorizam a ciência a determinar quem somos e a pretender administrar a existência em suas mais diferentes dimensões. Assim, na produção dos discursos autorizados pela instituição universitária, também se acham presentes as correlações de forças e as possibilidades de inversão do poder.

Cabe considerar que, se partimos de uma perspectiva que analisa a existência pelas correlações de forças, não é possível fazer uma avaliação moral e dicotômica que pretenda julgar sob o crivo do bom ou do mal as formas de resistência ou de poder. Às vezes de maneira abrupta e maciça, outras de maneira sutil, a resistência se manifesta provocando clivagens e novas composições de forças. O que não podemos desconsiderar é que, mesmo num plano menor, algumas vezes imperceptível, a resistência está atuando e recortando o cotidiano numa relação permanente e irredutível com as redes de poder. Para Foucault, as formas de resistência são "o outro termo nas relações de poder; inscrevem-se nestas relações como o interlocutor irre-

---

23. FOUCAULT, Michel. *O sujeito e o poder*. Op. cit., p. 246.
24. Id. Ibid., p. 235.

dutível"[25]. Assim, as correlações de forças, em seu dinamismo, vão dando novos rumos às trajetórias de vida.

Além disso, os efeitos de resistência como inversão ou insubmissão também comportam certa duração, ou seja, uma vez decodificados, eles podem acabar sendo neutralizados. Dessa forma, o que em determinado momento funciona como forma de resistência, e portanto encontra-se investido de uma produção em aberto, em outro pode ser absorvido e incorporado no cotidiano como uma regra a ser seguida pela maioria ou mesmo por uma identidade a ser reproduzida. Assim, por meio das correlações de forças em luta, torna-se possível vislumbrar uma construção diferenciada da vida, considerando a possibilidade de fazer desta um investimento artístico.

As estratégias de resistência que atravessam o campo social têm como efeito a criação de novas formas de viver e de se relacionar com o mundo. Nessa direção, acreditamos estar muito próximos do que Guattari denomina processo de singularização. Em suas palavras, esse processo consiste em

> [...] uma maneira de recusar todos esses modos de encodificação preestabelecidos, todos esses modos de manipulação e de telecomando, recusá-los para construir, de certa forma, modos de sensibilidade, modos de relação com o outro, modos de produção, modos de criatividade que produzam uma subjetividade singular. Uma singularização existencial que coincida com um desejo, com um gosto de viver, com uma vontade de construir o mundo no qual nos encontramos, com a instauração de dispositivos para mudar os tipos de sociedade, os tipos de valores que não são os nossos[26].

A produção dos modos de subjetivação, como vimos, é atravessada por uma complexa rede institucional que pretende se encarregar dessas construções. Entretanto, a singularização não se reduz às formas de poder difundidas por essa rede. Se acreditamos na construção social e histórica da subjetividade, precisamos considerar que essa produção não se processa apenas com base nos valores instituídos, mas comporta outras dimensões que podem vir a recusá-los. Nessa direção encontram-se o desejo, o gosto de viver e a vontade de construir um mundo diferente, conforme nos aponta Guattari.

---

25. FOUCAULT, Michel. *História da sexualidade I: a vontade de saber.* Op. cit., pp. 91-2.
26. GUATTARI, Félix e ROLNIK, Suely. *Micropolítica: cartografias do desejo.* 4. ed. Petrópolis: Vozes, 1996, p. 17.

Assim, singularizar e resistir tornam-se estratégias com as quais busca-se fazer da vida uma experimentação de diferentes afetos e sensibilidades. Trata-se de uma luta que envolve as mais diversas forças e cujos efeitos podem ser reconhecidos nas composições que daí emergem com diferentes nuances. A vitória de algumas forças sobre outras acontecem também no campo profissional, mas essas composições sempre contam com uma duração, visto que os embates não cessam. Enquanto há vida, há embate entre as forças.

Deleuze, analisando os processos de subjetivação em Foucault, considera que para ele "a luta pela subjetividade se apresenta então como direito à diferença e direito à variação, à metamorfose"[27]. Podemos estender essa noção de luta para a esfera profissional e reconhecer também aí a potência de variação que se manifesta nas múltiplas composições que poderão advir dos embates entre as forças. O vínculo com a profissão aparece, nessa perspectiva, como um campo de experimentação múltiplo e plástico, a ser explorado em suas intensidades durante toda a trajetória profissional.

Apesar de a questão profissional referir-se em larga medida à posse de uma identidade, faz-se necessário reconhecer as possibilidades de singularização presentes também nesse processo. E isso não é fácil, já que a própria idéia de exercer uma profissão se encontra diretamente remetida à rede de poder, com objetivos de produção. Levantamos então alguns pontos: como extrair do vínculo com a profissão uma existência intensiva, que possibilite múltiplas composições em contraposição a um seqüestro ou aprisionamento no trabalho? Como construir um vínculo profissional que possa ser tomado como uma processualidade aberta para a ação das forças que lhe atravessam e construído como uma obra de arte?

Nessa perspectiva passaremos, no próximo capítulo, a considerar justamente como é que a noção de campo de forças pode ser tomada para o entendimento da construção do vínculo com a profissão, entendendo que tal noção não compactua com a obrigatoriedade da escolha verdadeira e definitiva, podendo apontar para algo muito mais complexo na medida em que envolve a experimentação de intensidades presentes e por vir, sem começo (escolha) nem fim (cristalização da identidade profissional). A composição, histórica e temporal, das forças é o que estará em discussão na trajetória do próximo capítulo.

---

27. DELEUZE, Gilles. *Foucault*. São Paulo: Brasiliense, 1988, p. 113.

3

Trajetória profissional: uma construção artística

Tratar o vínculo com a profissão como uma construção artística torna-se possível quando nos distanciamos da análise das escolhas profissionais como algo isolado e definitivo. Nesse sentido, não podemos sequer falar exclusivamente da profissão, mas de um processo bem mais amplo que são as trajetórias de vida. Nessa perspectiva, a análise do vínculo com a profissão é ampliada, e este pode ser considerado como algo que também ajuda a compor os modos de existência. Nosso objetivo neste capítulo consiste em analisar essas composições, abordando-as como um entrecruzamento complexo de forças.

É em Friedrich Nietzsche que a noção de forças se faz presente na reflexão acerca da vida. Para o filósofo, o mundo consiste em

> […] uma monstruosidade de força, sem início, sem fim, uma firme, brônzea grandeza de força, que não se torna maior, nem menor, que não se consome, mas apenas se transmuda [...] como um vir-a-ser que não conhece nenhuma saciedade, nenhum fastio, nenhum cansaço[1].

---

1. NIETZSCHE, Friedrich. O eterno retorno (A vontade de potência, textos de 1884-1888). In: *Obras Incompletas* – Coleção "Os Pensadores". São Paulo: Nova Cultural, 1999, pp. 449-50.

As forças para Nietzsche são sempre múltiplas e mantêm-se em constante relação de luta com outras forças em busca da dominação de umas sobre as outras, afirmando-se assim como fortes e mais potentes. Essas lutas não cessam, assim como o vir-a-ser das forças não se esgota em nenhuma composição final, definitiva. É esta dinâmica de permanente construção e desconstrução das composições das forças que dá mobilidade à vida e o que lhe possibilita continuar se afirmando diferentemente a cada novo embate. Nesse sentido, Scarlett Marton destaca que Nietzsche "sempre postula a existência de uma pluralidade de forças presentes em toda parte. A força só existe no plural; não é em si mas na relação com outras"[2]. Justamente por isso, a análise da existência humana na perspectiva das forças torna-se mais complexa, visto que a batalha que a caracteriza é o que dá movimento à vida, impossibilitando a atribuição de qualquer predeterminação ou naturalização aos acontecimentos.

O embate entre as forças produz diferentes composições. Essas composições podem vigorar por um tempo histórico mais longo, sendo utilizadas, por exemplo, para organizar as relações estabelecidas em uma sociedade. É o caso das relações de poder analisadas no capítulo anterior, as quais nada mais são do que composições de forças que deram formato aos valores, às regras, às leis e às instituições. Apesar de serem atribuídos a estas últimas contornos de rigidez e de permanência, ainda assim essas composições aparentemente duradouras não perdem sua característica de transitoriedade. O dinamismo aí presente descarta qualquer tentativa de conferir um caráter absoluto ou verdadeiro a essas composições.

Assim, não existe nem origem nem fim nas forças; elas se encontram em constante embate. E mesmo que uma forma qualquer tenha se composto, ainda assim essa forma possui uma temporalidade histórica, uma vez que continua submetida à ação de outras forças. Toda forma encontra-se sujeita à transmutação. Existem diversas tentativas de aprisionar as forças em formas cristalizadas, como os regimes de poder e de saber, porém o que temos aí é uma tendência da sociedade em valorizar a estabilidade, a segurança e o controle sobre a vida. Podemos considerar que essas tentativas de cristalização, além de ir contra o dinamismo das forças que estão sempre em combate, como

---

2. MARTON, Scarlett. *Nietzsche: das forças cósmicas aos valores humanos*. São Paulo: Brasiliense, 1990, p. 55.

numa guerra, servem também para negar a potência de criação da vida, empobrecendo-a.

Quando nos detemos num acontecimento específico, como a construção do vínculo com a profissão, nele também as forças estão presentes. Nessa construção, diversos embates são deflagrados pelas mais diferentes forças, emergindo, assim, as composições. E é justamente por meio dessas composições que se torna possível investir em uma carreira profissional. Entretanto, faz-se necessário observar que tais composições não permanecem inalteradas por toda a vida; elas são transitórias, pois também se encontram sujeitas à ação de novas forças. Com isso, o vínculo com a profissão envolve um processo incessante de construção e de desconstrução subjetiva.

Quando a ação das forças sobre a profissão não é considerada, corre-se o risco de interpretar as mudanças de trajetórias como um erro ou fracasso na escolha. Entretanto, submeter jovens e adultos à expectativa de uma escolha que deva ser única e verdadeira põe em evidência a tentativa de neutralizar a ação das forças para alcançar assim a definição segura e estável de uma identidade profissional, visto que uma das formas de inserção e reconhecimento social ocorre atualmente mediante a localização do indivíduo em uma atividade profissional.

Torna-se relevante analisar, então, a partir de quais composições de forças o vínculo com a profissão está sendo construído em nossa sociedade e que formas de vida essa construção possibilita. Em outras palavras, trata-se de examinar o quanto as escolhas profissionais, que são alvo de controle e monitoramento pela rede poder-saber, estão sendo submetidas unicamente às formas contemporâneas de seqüestro para o trabalho e quais as possibilidades de, mesmo dentro dessa rede, criar formas de potencialização da vida, de maneira que ela possa ser afirmada em seu vir-a-ser, aberto para a criação e invenção da profissão.

Na sociedade de controle, por vezes, o indivíduo acaba ficando aprisionado nos atravessamentos que privilegiam a colocação profissional tida como segura, definitiva e bem-sucedida, adotando uma postura supostamente racional regida pela lógica do custo-benefício.

Entretanto, mesmo sabendo que a idéia de possuir uma profissão está diretamente ligada às formas de controle presentes na rede de poder-saber e nos seus atravessamentos, acreditamos que ainda assim podemos estabelecer com a atividade profissional uma relação que privilegie a vida, ou seja, que faça dela algo que valha a pena ser vivido. Para isso é necessário considerar a vida para além da rede poder-saber, sem com isso negar a sua existência.

Trazer para o mundo do trabalho uma relação de intensidade, eis o desafio. Trata-se de estabelecer com a profissão um vínculo no qual a vida possa ser privilegiada, rompendo com a exclusividade da reprodução impensada, das obrigações mecânicas, das crescentes exigências de produção e acúmulo que se tornam limitadores da potência de criação, e, valendo-se disso, poder pensar essa construção subjetiva levando em conta as múltiplas forças possíveis de serem tomadas em composições diferenciadas e transitórias.

A sociedade contemporânea vem sendo marcada pelo avanço tecnológico, o que tem provocado diversas mudanças no mundo do trabalho. Novas forças buscam espaço para se afirmar. O desafio está em buscar estratégias por meio das quais seja possível compor as forças de modo a produzir relações que privilegiem a vida e o desejo, ou seja, maneiras de aproximar vida e arte também no vínculo com a profissão.

O que pretendemos aqui é começar a desenhar uma possibilidade: a de tomar a profissão como uma construção artística, um modo de existência que não se reduza à aquisição de uma identidade profissional, mas envolva a dimensão intensiva da vida, onde os modos de subjetivação possam ser construídos e reconstruídos considerando a luta permanente entre as forças. Deleuze, analisando a construção da subjetividade, questiona:

> Quais são nossos modos de existência, nossas possibilidades de vida ou nossos processos de subjetivação; será que temos maneiras de nos construirmos como "si", e, como diria Nietzsche, maneiras suficientemente "artistas", para além do saber e do poder?[3]

O que seriam essas maneiras suficientemente "artistas" de nos construirmos também no que diz respeito à profissão? Fazer da vida uma obra de arte implica num convite nem sempre fácil de ser acolhido. Primeiramente porque essa perspectiva descarta qualquer pretensão de essência para a vida humana, ou seja, não existe nada que a predetermine como uma verdade rígida e inabalável. Outrossim, a vida como arte está aberta para o acaso das forças, sendo justamente

---

3. DELEUZE, Gilles. *Conversações*. Rio de Janeiro: Editora 34, 1992, p. 124.

VIDA E PROFISSÃO – CARTOGRAFANDO TRAJETÓRIAS | 71

seus embates os construtores das trajetórias de vida, que vão se fazendo numa processualidade sempre em aberto para novas e diferentes invenções de si e das relações com o mundo. Assim, as forças são muito mais múltiplas, móveis e diferenciadas do que o mundo formatado pelos dispositivos de controle presentes nas regras, nas normas e nas instituições.

A vida vivida artisticamente refuta também qualquer forma de saber que se pretenda consolidar numa verdade absoluta. No decorrer da história, toda noção construída acerca do sujeito esteve referida a critérios de verdade, elaborados pelas mais diversas áreas de conhecimento. A questão está então em como descolar esses regimes de verdade do nosso cotidiano, para conquistar uma mobilidade criadora de si, desconfiando de tudo e renunciando a tudo o que se apresenta como absoluto e verdadeiro. Sobre esse aspecto, Marton destaca

> É preciso coragem para praticar a desconfiança, descartar os pré-juízos, evitar as convicções. É preciso destemor para desfazer-se de hábitos, abandonar comodidades, renunciar à segurança. É preciso ousadia para abrir mão de antigas concepções, desistir de mundos hipotéticos, libertar-se de esperanças vãs[4].

Tudo isso se configura como uma ruptura, visto que esses saberes mais rígidos e institucionalizados foram criados para organizar e controlar a vida em sociedade, objetivando com isso construir efeitos de estabilidade, de segurança e de continuidade para as experiências vividas, supondo que assim se correria o mínimo risco em face das adversidades enfrentadas.

Criar a vida como uma obra artística não visa um objetivo final a ser alcançado. A arte está justamente nos processos de criação, no meio desse empreendimento, sempre em aberto. Vale destacar que toda criação comporta também a destruição e o abandono daquilo que, uma vez esgotado em seu sentido e no investimento desejante que o sustentava, pode convocar o artista para novas invenções de si e do mundo que o cerca. Assim, a arte pressupõe sempre uma zona de indeterminação, uma tensão que pode vir a gerar dor, já que o combate de forças, permanentemente retomado, coloca em evidência a fi-

---

4. MARTON, Scarlett. *Extravagâncias: ensaios sobre a filosofia de Nietzsche.* São Paulo: Discurso Editorial e Editora Unijuí, 2000, p. 47.

nitude dos projetos, das relações e dos saberes. Criar é estar aberto para a afirmação da vida em seu devir.

Fazer da vida uma obra de arte não é um convite fácil. Para Marton "antes de tudo, é preciso aceitar a vida no que ela tem de mais alegre e exuberante mas também de mais terrível e doloroso"[5]. Viver essa tensão do caráter em aberto da vida aponta para a dimensão trágica de nossa existência que, mesmo sujeita ao acaso das lutas, ainda é afirmada nos embates e no que deles advém.

Trata-se, dessa forma, de uma experimentação do mundo, onde a cada nova correlação de forças faz-se necessária a criação de diferentes modos de subjetivação. Isso é possível apenas com um distanciamento da exclusividade das referências instituídas e da disposição para acolher as intensidades e sensações que emergem nessas correlações de forças, construindo para elas novos sentidos. Assim, a criação de si e do mundo implica afirmar a vida em sua diferença, em pensar diversamente.

Em entrevista sobre *O sujeito e o poder*, Foucault questiona por que estamos tão distantes de fazer da vida uma obra artística. Diz o filósofo:

> O que me surpreende é o fato de que, em nossa sociedade, a arte tenha se transformado em algo relacionado apenas a objetos e não a indivíduos ou à vida; que a arte seja algo especializado ou feito por especialistas que são artistas. Entretanto, não poderia a vida de todos se transformar numa obra de arte? Por que deveria uma lâmpada ou uma casa ser um objeto de arte, e não a nossa vida?[6]

Talvez possamos dar continuidade ao pensamento de Foucault e tomar o percurso da construção profissional também artisticamente. E assim abordar a escolha da profissão não como única e definitiva, mas como um campo de possibilidades a ser experimentado durante toda a existência.

Nietzsche também reconhece a arte como uma aliada da vida intensiva. Em suas palavras: "*A arte e nada mais do que a arte! Ela é a grande possibilitadora da vida, a grande aliciadora da vida, o grande es-*

---

5. MARTON, op. cit., p. 44.
6. FOUCAULT, Michel. O sujeito e o poder. In: RABINOW, Paul e DREYFUS, Hubert. *Michel Foucault, uma trajetória filosófica: para além do estruturalismo e da hermenêutica*. Rio de Janeiro: Forense Universitária, 1995, p. 261.

timulante da vida. A arte como única força superior contraposta a toda vontade de negação da vida"[7], negação que pode ser entendida como um distanciamento da potência de criação e da afirmação da vida em suas mais distintas nuances.

Nesse sentido, parece-nos possível trazer a intensidade da arte também para a esfera profissional, fazendo com que nela possam ser atualizadas construções diferenciadas e criativas. Assim a arte, com seus movimentos de construção e de desconstrução, nos aproxima de uma zona de indeterminação e de uma tensão sempre renovadas, que podem no entanto servir como uma força para engendrar novas criações e novas possibilidades profissionais.

Tomar a profissão como uma construção artística implica a abertura para o inusitado, o provisório e o precário, mas ao mesmo tempo potencializador da vida, na medida em que esta se encontra aberta para o advento do novo. Um passo nessa direção pode se efetivar no rompimento com a concepção de uma identidade cristalizada em prol da construção de um estilo de vida em processo. Nesse caso, a subjetividade poderia ser construída como um processo de criação em que o que interessa não é a origem (expectativas recorrentemente colocadas pela rede poder-saber) ou onde irá se chegar (a consolidação de uma identidade profissional), mas o meio, as experiências de construção e desconstrução que se ensaiam a partir das múltiplas forças, considerando-se nesse processo as diferentes experimentações e a produção desejante.

Sobre essa condição da vida como uma processualidade em aberto, Deleuze comenta: "As pessoas estão sempre no meio de um empreendimento, onde nada pode ser assinalado como originário. Sempre as coisas se cruzam, jamais coisas se reduzem"[8]. Viver a escolha não se reduz à definição de uma identidade, mas envolve um processo ativo, no qual o indivíduo é convocado a criar, abandonar e experimentar, na medida em que vive o cotidiano do curso universitário e/ou da atividade profissional como uma experiência aberta para descobertas e invenções, processo em que os encontros possam ser acolhidos e no qual seja possível tanto afetar quanto ser afetado pelas intensidades aí emergentes, bem como afirmar a dor

---

7. NIETZSCHE, Friedrich. A arte em "O nascimento da tragédia" (1888). In: *Obras Incompletas* – Coleção "Os Pensadores". Op. cit., p. 50.
8. DELEUZE, Gilles. *Diálogos*. São Paulo: Escuta, 1998, p. 129.

e a alegria que estas novas configurações de forças trazem para a existência.

Nesse sentido passaremos, no próximo capítulo, a analisar como, pela cartografia da subjetividade e das paisagens sociais, faz-se possível acompanhar as diferentes transformações das trajetórias de vida que passam pelo vínculo com as profissões.

4

Cartografias da profissão

A cartografia consiste em um método utilizado pela geografia que busca dar forma, valendo-se de desenhos, às diferentes superfícies geográficas. De acordo com Fernand Joly, a cartografia pode ser definida como "a arte de conceber, de levantar, de redigir e de divulgar os mapas"[1]. A atribuição artística presente nesta definição diz respeito a uma obra que não se esgota no simples desenho de um mapa, mas que procura colocá-lo o mais próximo possível da realidade que ele pretende representar. Para o autor: "A superfície da Terra está em perpétua transformação. Nada nela é imutável. A cartografia deve poder sugerir essas mudanças, seja qual for a escala temporal na qual elas se produzem"[2]. Dessa forma, a cartografia busca superar artisticamente os limites estáticos da representação rígida de um mapa, introduzindo o que o autor denomina de uma "quarta dimensão"[3], ou seja, a noção de "duração"[4] e de movimento presentes na paisagem geográfica, os quais, por vezes, são imperceptíveis a olhos menos atentos.

Ao introduzir a dimensão de duração em um mapa, com o uso de recursos como as cores e os sinais, torna-se possível dar expressão às

---

1. JOLY, Fernand. *A cartografia*. Campinas: Papirus, 1990, p. 7.
2. Id. Ibid., p. 93.
3. Id. Ibid.
4. Id. Ibid.

relações mantidas entre a representação gráfica (desenho) e as variações do território analisado. Com isso, pode-se considerar que a noção de movimento presente no mapa é viável mediante uma aproximação entre a história e a geografia, que juntas permitem um entendimento das transformações que ocorrem permanentemente na superfície terrestre.

O trabalho do cartógrafo serve tanto para facilitar a localização dos territórios presentes em uma superfície geográfica quanto para detectar as alterações que podem desencadear mudanças significativas na paisagem. Essas ações demandam a sensibilidade e a atenção daquele que se propõe a cartografar os movimentos da superfície terrestre.

A cartografia não é um método de uso exclusivo dos geógrafos. Podemos utilizá-la também nas ciências humanas. Nesse caso, ela serviria para acompanhar as mudanças que se operam cotidianamente na realidade social. O meio social, assim como a subjetividade, caracteriza-se por seus processos de transformação e inacabamento. O trabalho do cartógrafo consistiria em acompanhar as alterações que se introduzem na paisagem social por meio desses movimentos subjetivos. Buscando entender a subjetividade e a realidade social nessa perspectiva de mudança, Suely Rolnik considera:

> Paisagens psicossociais também são cartografáveis. A cartografia, nesse caso, acompanha e se faz ao mesmo tempo que o desmanchamento de certos mundos – sua perda de sentido – e a formação de outros: mundos que se criam para expressar afetos contemporâneos, em relação aos quais os universos vigentes tornaram-se obsoletos[5].

O que seria esse desmanchamento de certos mundos? Como acontece nos mapas, determinada paisagem social pode, por vezes, assumir contornos mais rígidos e com isso tem-se a impressão de que ela existe desde sempre e assim permanecerá. Entretanto, toda paisagem social encontra-se em estado de construção e desconstrução. O que leva dada composição a ser formada é a maneira como as forças que a compõem se mantêm articuladas, dando-lhe consistência.

Como na geografia, aqui também a noção de duração é relevante. Todas as composições de forças têm uma duração histórica. Dessa

---

5. ROLNIK, Suely. *Cartografia sentimental: transformações contemporâneas do desejo*. São Paulo: Estação Liberdade, 1989, p. 15.

maneira, elas estão sempre correndo o risco de se desmanchar para produzir novas composições, por meio das quais é possível dar expressão a novos afetos, modificando assim a paisagem social. Por meio dessa mobilidade podemos constatar a diversidade de forças presentes na paisagem psicossocial. Estas, em alguns casos, podem se tornar imperceptíveis, mas ainda assim não interrompem suas transformações. Com isso podemos considerar que toda construção subjetiva tem uma duração histórica. O desmanchamento de mundos acontece quando essas composições perdem seu sentido, ficando incompatíveis com os novos afetos que pedem passagem.

Na contemporaneidade, as mudanças de configuração da paisagem subjetiva têm acontecido de forma bastante acelerada. Algumas referências da organização social têm perdido sua consistência rapidamente, tornando-se obsoletas. Isso não quer dizer que em outros períodos históricos esse dinamismo estivesse ausente. Ao contrário, ele é inerente à vida. Entretanto, o que nos chama a atenção é a velocidade com que as transformações acontecem na contemporaneidade, o que muitas vezes inviabiliza a construção imediata de novos sentidos para os afetos aí experimentados.

Na medida em que o cartógrafo se ocupa dessas mudanças psicossociais, ele necessariamente investigará aquilo que dá movimento à paisagem, que, conforme vimos no capítulo anterior, diz respeito à ação das forças. Estas são sempre múltiplas e heterogêneas. Para entender como se dá o trabalho do cartógrafo junto das forças, recorreremos a Foucault, recordando que, de acordo com Deleuze, também ele pode ser considerado um cartógrafo[6]. Acompanhemos, então, a forma como Foucault, referindo-se a Nietzsche, trata a questão.

O filósofo, em especial no texto "Nietzsche, a genealogia e a história"[7], busca acompanhar o movimento das forças para assim analisar a construção dos modos de subjetivação. Nesse sentido, Foucault destaca a necessidade de investigar a emergência dos estados de forças, "mostrar seu jogo, a maneira como elas lutam umas contra as outras, ou seu combate frente a circunstâncias adversas"[8]. Ao entrar em

---

6. Em sua obra sobre Foucault, Deleuze denomina um dos capítulos: "Um novo cartógrafo".
7. FOUCAULT, Michel. Nietzsche, a genealogia e a história. In: *Microfísica do poder*. Rio de Janeiro: Edições Graal, 1996.
8. Id. Ibid., p. 23.

contato com os diferentes acontecimentos que atravessam a realidade social, o cartógrafo procura investigar as forças que neles estão presentes, não apenas para denominá-las, mas para acompanhar seus movimentos e seus embates, bem como as mudanças que estas introduzem na paisagem. Essas mudanças são justamente as correlações de forças sempre diferentemente recolocadas.

Assim, a ação do cartógrafo não está remetida a uma busca de verdade para o entendimento da vida em sociedade, mas ao reconhecimento do que advém desses embates que não cessam e dão movimento à história. Sobre isso, Foucault mostra ainda que "as forças que se encontram em jogo na história não obedecem nem a uma destinação, nem a uma mecânica, mas ao acaso da luta"[9]. Cartografar a subjetividade é, então, acolher o acaso das lutas, estando atento ao que daí advém e, principalmente, buscando reconhecer quais formas de vida as composições de forças engendram em cada momento histórico.

Tomar em consideração as forças em luta comporta sempre um risco. E, nesse sentido, Foucault alerta para a necessidade de "compreender este acaso não como um simples sorteio, mas como o risco sempre renovado da vontade de potência que a todo surgimento do acaso opõe, para controlá-lo, o risco de um acaso ainda maior"[10]. A vontade de potência da qual nos fala Foucault, novamente referindo-se a Nietzsche, pode ser entendida como o poder que a vida tem para se afirmar na diferença. Essa potência de variação da vida encontra-se aberta ao acaso das forças e esse acaso interfere nas trajetórias de vida e nas paisagens psicossociais. É assim que podemos entender o desmanchamento e a criação de novos mundos, visto que a potência da vida recoloca as forças em novos embates e as submete a novos acasos, num movimento permanente de construção e desconstrução, cujos desenhos produzem diferentes mapas.

Analisando a ação das forças sobre a história, Foucault declara que "ela não se apóia em nenhuma constância: nada no homem – nem mesmo seu corpo – é bastante fixo para compreender outros homens e se reconhecer neles"[11]. O cartógrafo reconhece que, sob a ação das forças, a vida comporta dimensões de ruptura e descontinuidade, recortadas tanto pelo acaso das lutas quanto pelo acaso das

---

9. FOUCAULT, op. cit., 1996, p. 28.
10. Id. Ibid.
11. Id. Ibid., p. 27.

composições que delas emergem. Dessa forma, não existe possibilidade em seu trabalho para generalizações ou para a busca de verdades, uma vez que nas paisagens sociais e na subjetividade as únicas coisas que permanecem são a plasticidade, a transformação e a recomposição das forças, que podem ser localizadas pelos seus efeitos, por meio dos mapas.

Mesmo considerando o dinamismo e a luta que caracterizam as forças, o cartógrafo sabe que seu trabalho é possível na medida em que desses enfrentamentos, por ora, algumas forças se afirmam sobre outras, compondo assim determinada forma. A forma é a composição provisória das forças que também podemos chamar, recorrendo a Deleuze e Guattari, de território. Estes autores acompanham o pensamento de Foucault e de Nietzsche acerca das forças. Para Deleuze e Guattari, o território pode ser entendido como *"um reagrupamento das forças"*[12].

Os territórios também são sempre múltiplos e podem ser representados por mapas que distinguem as diferentes regiões da existência investidas afetivamente pela subjetividade. Como esse reagrupamento é sempre provisório, ele guarda uma tensão permanente, sendo considerado por esses autores como um "lugar de passagem"[13]. Passagem de pessoas, de valores, de afetos, de sentidos, de fluxos. Caracterizar o território como lugar de passagem resgata novamente a noção de duração histórica e o trânsito que lhe é próprio.

Para Deleuze, os mapas subjetivos possuem duas dimensões. Primeiramente, a sucessão de mapas vai produzindo trajetórias de vida, sem pressupor com isso uma direção predefinida ou uma finalidade a ser alcançada. Trata-se dos mapas extensivos. Acredita, ainda, que os mapas também são intensivos. Em suas palavras: "Os mapas não devem ser compreendidos só em extensão, em relação a um espaço constituído por trajetos. Existem também mapas de intensidade, de densidade, que dizem respeito ao que preenche o espaço, ao que subtende o trajeto"[14]. Assim, podemos dizer que estes trajetos também são produzidos por mapas de intensidade, ou seja, mapas nos quais é possível encontrar a distribuição dos afetos e a produção dos sentidos

---

12. DELEUZE, Gilles e GUATTARI, Félix. *Mil platôs – capitalismo e esquizofrenia*, vol. 4. São Paulo: Editora 34, 1997, p. 129.

13. Id. Ibid., p. 132.

14. DELEUZE, Gilles. *Crítica e clínica*. São Paulo: Editora 34, 1997, p. 76.

presentes nos diferentes encontros que vão sendo realizados. A vida é, então, formada por trajetos e por devires, e cabe à cartografia acompanhar os movimentos dos territórios intensivos e extensivos. Segundo Rolnik, "As cartografias vão se desenhando ao mesmo tempo (e indissociavelmente) que os territórios vão tomando corpo: um não existe sem o outro"[15]. Assim, cartografar é acompanhar um processo de criação dos territórios que se caracterizam pelo inacabamento.

Vejamos como isso se dá particularmente no território profissional. Uma profissão pode ser considerada um agenciamento de diferentes forças. O que dá especificidade a uma profissão é a sua localização em uma área de conhecimento, seus objetivos, sua função, bem como onde e com quem atuar. Entretanto, um território profissional nunca é isolado. Apesar de conservar sua especificidade, estabelece contato com outras profissões (territórios vizinhos), fato que tanto ajuda a manter nítidos os contornos do seu território, na medida em que se diferencia dos demais, quanto permite, em diversos momentos, um trânsito entre os outros territórios, numa relação de mistura com a vizinhança. Deleuze e Guattari esclarecem então: "A profissão, o ofício, a especialidade implicam atividades territorializadas, mas podem também decolar do território para construírem em torno de si, e entre profissões, um novo agenciamento"[16]. Assim, um território, aparentemente fixo e bem definido, como o da profissão, encontra-se em relação permanente com outros territórios, movido pela ação das forças. Esta relação, que pode ser um combate, introduz novos contornos na esfera profissional.

Quando falamos de trajetória profissional, esta também é formada pela sucessão de mapas, ou seja, por uma cartografia em aberto. Como vimos, uma profissão é definida por sua área de conhecimento e por suas técnicas de intervenção, o que lhe confere contornos definidos e estatuto especializado. Entretanto, o contato estabelecido com a profissão não se efetiva apenas nessa dimensão mais instituída, mas envolve também um vínculo subjetivo estabelecido pelos afetos que emergem nesse contato e por intermédio dos quais são criados sentidos singulares para a profissão. Assim, existem diferenciadas maneiras de estabelecer um vínculo com a atividade profissional. É pela expressão dos afetos e pela produção de sentido, ou seja, por meio de um território intensivo, que

---

15. ROLNIK, op. cit., p. 44.
16. DELEUZE e GUATTARI, op. cit., p. 135.

os trajetos profissionais vão sendo construídos, abrindo possibilidades para a singularização também neste campo.

Assim, por mais que a rede poder-saber, com seus dispositivos de controle, pretenda difundir a necessidade de posse de uma identidade profissional, localizando o indivíduo numa profissão definitiva, isso acaba sendo inviabilizado pela ação das forças que desconstroem e constroem novas composições profissionais, dando passagem aos afetos e criando novos sentidos para a trajetória profissional. Um território profissional muda porque novos encontros se efetuam e novos afetos passam a habitar a paisagem social, transformando-a. Rolnik, analisando como são organizados os territórios, mostra que "finita é a duração dos territórios e a funcionalidade de suas cartografias. Sempre escaparão afetos aos territórios, e isso, mais cedo ou mais tarde, decreta o seu fim"[17]. Qualquer tentativa de negar esta mutabilidade dos territórios acontece pela desconsideração das forças e dos afetos, como também pela tentativa de separar a vida de sua potência de variação.

O que dá consistência a uma composição de forças, ou seja, o que possibilita construir um território profissional extensivo e intensivo é a produção de sentido para os afetos que emergem nessas construções. Dessa forma, a profissão não é algo que se possua por meio de uma definição identitária, mas um território móvel com o qual se mantém uma relação de construção, sempre em aberto.

Como dissemos anteriormente, o desmanchamento dos territórios subjetivos tem ocorrido numa velocidade acelerada, mudando rapidamente a paisagem psicossocial que ora vivemos. Rolnik, analisando as diferentes paisagens subjetivas presentes no mundo contemporâneo, considera que essa velocidade provoca uma sensação de finitude que "define nossa condição como trágica"[18]. Ao viver esta sensação, todo um mal-estar é desencadeado e, diante dele, a autora analisa:

> Nada pode fazer ceder, já que ele é a sensação provocada pela desestabilização daquilo que somos, sensação de nossa finitude. A experiência da desestabilização, reiteradamente repetida ao longo de toda nossa existência, é

---

17. ROLNIK, op. cit., p. 50.
18. Idem. Uma insólita viagem à subjetividade: fronteiras com a ética e a cultura. In: LINS, Daniel S. *Cultura e subjetividade: saberes nômades*. Campinas: Papirus, 1997, p. 31.

efeito de um processo que nunca pára e que faz da subjetividade "um sempre outro", um si e não si ao mesmo tempo"[19].

O que seria essa sensação de finitude? Podemos considerá-la como a passagem de uma cartografia para outra, como uma sucessão de mapas. Nesse trânsito, a perda dos sentidos construídos para as configurações é experimentada por diversas vezes, o que provoca a experiência de desestabilização do território até então conhecido. Reconhecer-se outro a cada reconfiguração de forças é acolher cada estranhamento como parte integrante da vida, mesmo que isso gere angústia e reative o medo diante da incerteza do que emergirá como novo território. A condição trágica da vida está em acolher o fato de que esta desestabilização, presente em diferentes dimensões da existência, se repetirá enquanto houver a ação das forças, ou seja, enquanto houver vida.

Ante a desestabilização das diferentes formas instituídas que ora vivemos, Rolnik explica que se tornar um cartógrafo depende de uma disponibilidade para "estar à escuta do mal-estar mobilizado pela desestabilização de nós mesmos, da capacidade de suportá-lo e de improvisar formas que dêem sentido e valor àquilo que essa incômoda sensação nos sopra"[20]. Acolher este mal-estar implica, além de uma disponibilidade para reconhecer a finitude das composições e dos sentidos para elas construídos, também aceitar o fato de que novos mapas não se encontram prontos para substituir imediatamente os que já perderam o sentido.

Se existe aí um mal-estar, este também pode ser entendido como um risco de ficar temporariamente sem um território definido, isto é, desterritorializado e, como já dito por Foucault e Nietzsche, submetido ao acaso das forças. Na desterritorialização o sujeito é convocado mais uma vez a acompanhar a luta das forças e o que delas advém, sofrendo seus efeitos, independentemente de acolhê-la ou não.

Esta é a condição trágica da existência humana: afirmar a vida com o que ela tem, inclusive com os processos de criação e finitude dos territórios. Assim, a cartografia seria uma maneira de acompanhar a mobilidade das trajetórias de vida e das paisagens sociais que as abriga. Analisando essa dimensão trágica da vida, Alfredo Naffah Neto destaca a necessidade de acompanhar "*os movimentos de constru-*

---

19. ROLNIK, op. cit.
20. Id. Ibid., pp. 32-3.

ção e de destruição como partes do mesmo devir criador. Isso significa considerar a morte como parte integrante da vida ou, em outros termos, que a vida é feita de movimentos de morte e renascimento contínuos e concomitantes"[21].

Acolher a morte como parte integrante da vida pressupõe uma proximidade com o limite permanentemente colocado para a duração dos territórios, bem como para a tensão presente na construção de novas cartografias e novos sentidos que as sustentem. Por outro lado, é justamente esse limite que possibilita resgatar a dimensão artística da cartografia, em que a potência da vida está aberta para o devir criador de novas paisagens.

Para Guattari, essa possibilidade se efetiva apenas quando não temos como referência exclusiva os padrões dominantes de conduta. Segundo o autor, os indivíduos "devem criar seus próprios modos de referência, suas próprias cartografias, devem inventar sua práxis de modo a fazer brechas no sistema de subjetividade dominante"[22]. A cartografia, para esse autor, recusa a submissão passiva da vida às referências morais rígidas e definidas por outrem. Estas atravessam permanentemente o campo social e a subjetividade, sendo em larga escala absorvidas. Entretanto, o autor busca aproximar a cartografia das formas de criação e de invenção, onde, por meio da resistência aos universos instituídos como referência, é possível romper com a reprodução empobrecedora da vida. Guattari destaca assim a possibilidade de extrair da vida sua potência de variação, fato que potencializa a existência para novas criações e para a invenção de diferentes vias de expressão para os afetos.

A dimensão artística da cartografia da subjetividade se vê manifesta à medida que acompanha os projetos de vida que não se concluem, mas convocam permanentemente os participantes da paisagem social a dar novas formas, cores e contornos aos territórios psicossociais. Para isso não temos modelos predefinidos em categorias e regras de conduta. Contamos outrossim com a potencialidade para a criação de trajetórias de vida nas quais novos e diferentes sentidos possam ser construídos, mantendo-se sempre em aberto.

---

21. NAFFAH NETO, Alfredo. *Dez mandamentos para uma psicanálise trágica.* Texto apresentado na disciplina: Problematizações Filosóficas da Teoria da Clínica Psicanalítica II, PUC/SP, 2001, p. 7.

22. GUATTARI, Félix e ROLNIK, Suely. *Micropolítica: cartografias do desejo.* Petrópolis: Vozes, 1996, pp. 49-50.

Cartografar profissões, como uma sucessão de mapas extensivos e intensivos, talvez possa ser um caminho para reconhecer as possibilidades de singularização também no vínculo com o trabalho. É justamente isso que faremos na segunda parte deste estudo, no qual serão apresentadas duas histórias de vida que passam pelas profissões. Nos relatos buscaremos identificar as correlações de forças presentes na construção do vínculo com a profissão. Estaremos atentos aos afetos vividos e aos sentidos construídos em cada momento histórico, considerando também seus esgotamentos. Procuraremos investigar como cada sujeito conseguiu lidar não só com as situações de construção e desconstrução dos territórios, como também com a criação de estratégias para resistir ao seqüestro do trabalho e assim inventar novas possibilidades profissionais.

PARTE II

Cartografando trajetórias

5

Primeira entrevista

A entrevista que se segue foi realizada com um pianista de 52 anos, brasileiro, residente na Alemanha, o qual será denominado Marco. Foi proposto a ele que falasse sobre sua profissão a partir de uma primeira pergunta. Depois disso, a entrevistadora intervinha apenas quando necessário, a fim de aprofundar a investigação.

▶ *Desde que época da sua vida você se lembra de ter pensado na questão da profissão?*

"Bem, muito cedo. Acho que a escolha profissional nem é você que pensa, os pais começam a falar: 'O que você quer ser quando você crescer?'. É um papo que você ouve dos pais, dos amigos. Eu acho que quando você é criança, ou jovem, dá respostas que não são verdadeiras. São sonhos que você tem de algumas profissões que dão dinheiro, que dão sucesso. Então eu acho que pro jovem é muito difícil você dizer isso.

"Atualmente, acho que tudo é mais fácil porque tem os testes profissionais. Na minha época, eu nasci em 49, tenho mais de cinqüenta anos já, não tinha teste profissional ainda, não sei. Então você era muito orientado pelo instinto. E eu devo ter feito a minha escolha por área médica simplesmente, eu confesso hoje que acho que foi pelo prestígio que a Medicina tinha, que hoje também não tem mais. Ao mesmo tempo, por exemplo, quando eu fazia colegial, gostava de Biologia, gostava de Química, de Física, quer dizer, junto com esse prestígio, de ganhar dinheiro, de ser uma carreira bonita e tal, tinha esse lado também que eram as matérias de que eu gostava, gostava mais do que Geografia, dessa coisa toda. Ao mesmo tempo eu me interessava muito pelas coisas humanas, por exemplo, eu adorava línguas, francês, inglês, eu adorava História. Bom, mas aí chegou a época do vestibular e eu acabei fazendo Medicina. E não foi coisa que meus pais dissessem 'você deva fazer', não. Foi por... acho realmente, que atrás daquela carreira que tem brilho.

"Muito bem. E fazendo Medicina daí eu gostei muito da área médica. Confesso que dentro da área médica gostei mais do contato com as pessoas do que do estudo praticamente de Fisiologia, Anatomia, essas coisas todas. Me interessava tal, mas não era nenhum prazer enorme. Mas naquela época o HU, que era nosso hospital-escola, era um hospital pequeno ainda e a escola de Medicina também era muito pequena e a gente tinha muito contato com os pacientes, que eram pessoas de baixa renda, como é hoje aliás. E este lado foi muito bonito para mim, entendeu, assim que a Medicina me proporcionou de eu ter contato com pessoas. Acho que isso tinha ocorrido porque eu tive uma infância muito solitária. Eu sempre estudei piano desde criança e o estudo de piano é uma coisa sozinha, você estuda sozinho, você vai pro palco sozinho, faz tudo sozinho, e me faltava... Ah, e como eu era uma pessoa que estudava piano, estranha para meninos que ficavam mais tempo na rua, jogando futebol, eu sempre fui muito sozinho. Devo ter tido lá os meus complexos por causa disso. Então, a área médica, através do contato com os pacientes, compensou muito esse lado. Então eu comecei a gostar muito da Medicina pelo contato humano.

"E aí entra um lado religioso, que você pode chamar de religioso, que eu chamo de mais humano que dá muito prazer você poder ajudar os outros. Eu me sentia quase um herói ajudando as pessoas de pouca renda (*risos*), pessoas que tinham poucas posses, com a coisa de saúde. Eu passei uma época também fazendo muito medicina preventiva, ou seja, ia para os sítios, pras fazendas pra dar noções de higiene, de alimentação. Enfim, esse lado humano da Medicina foi o que mais me cativou. Mas a escolha, essa escolha profissional, só pra concluir, foi realmente pelo prestígio que o médico tinha. E no colégio pelo contato que eu tinha com Biologia, Química, Física. Mas nada de que a família fosse... Eu nunca ouvi dos meus pais: 'Faça isso ou faça aquilo'. Muito pelo contrário. Até no meu conflito entre a Medicina com o piano, meus pais sempre diziam: 'Olha, faz o que você quiser'. Ficaram chocados quando eu já era médico, e resolvi deixar a Medicina para ir para a Alemanha com uma bolsa de estudos e começar, quer dizer, um estudo profissional. Eu sempre toquei piano. A minha vida inteira eu toquei piano, mas de repente eu resolvi fazer aquilo seriamente. Então eu me lembro que meus pais ficaram muito chocados. Depois de tantos anos de Medicina, de todo sacrifício, até financeiro por parte deles para manter um estudo desses, eu abandonar tudo pra seguir uma carreira artística.

"E como aconteceu isso? Eu sempre toquei piano como eu te falei. Em casa todo o mundo fez música. E as minhas duas irmãs mais velhas... As minhas irmãs sempre tocaram piano, então é claro que isso inconscientemente me influenciou muito, entendeu? Ao mesmo tempo foi uma profissão visceral, uma coisa instintiva. Porque eu tinha aquilo em casa, a música estava ali, eu nunca tive que sair de casa para procurá-la. Então eu ouvia muita música. A minha mãe conta, por exemplo, que meu maior divertimento era não saber ler ainda... Em casa tinha muitos discos clássicos, a família curtia muita música clássica, minha mãe principalmente. Então ela dizia que o grande divertimento da família era eu conhecer todos os discos pelas cores. Mas eu identificava todas as sinfonias de Beethoven, Mendelssohn, Tchaikovski pelo visual do disco sem saber ler, eles mandavam sempre que eu buscasse. Eu conhecia a discoteca inteira sem saber ler, quando eu acho que tinha três ou quatro anos. Então veja que é um contato muito natural, muito visceral, nada programado. Eu era o mais jovem também, o mais novo da família, então recebi esta carga musical toda, tipo um leite materno, não foi leite em pó, foi leite materno. E eu só vim perceber isso mais tarde, quando fazia Medicina. Porque até então eu fui levando o piano como a coisa mais natural do mundo. Porque em casa todo o mundo fazia música, então para mim fazer música também era uma coisa natural. Claro que a minha irmã sempre falava que eu era muito talentoso, as pessoas que viam ficavam sempre impressionadas: 'Nossa, esse menino é muito precoce'. Me chamavam de precoce. Eu fiquei meses procurando no dicionário que palavra era essa, uma criança precoce, menino prodígio, enfim. Então a música foi uma coisa natural pra mim. E eu só fui perceber isso quando fazia Medicina, que eu toquei bem menos piano. E foi muito interessante que a Medicina praticamente me levou de volta para o piano, sabe como?

Porque, como todo mundo sabia que eu tocava piano e bem, eu sempre era chamado para fazer recitais em congressos médicos, entendeu? Então, toda vez que tinha um congresso, o Marco tocava.

"E aí fiz uma fase muito interessante psicologicamente, que eu me acomodei nas duas. Eu falo disso agora, aqui, mas na época eu não tinha consciência disso que estou falando, obviamente. Mas eu desculpava uma coisa na outra, ou seja, para quem tocava piano eu era um bom aluno de Medicina e pra quem fazia Medicina eu tocava muito bem piano. Mas eu não era nem uma coisa nem outra. Acho que eu nem era pianista nem estudante de Medicina. Eu jogava, brincava um pouquinho com esses dois lados. Até que tive uma crise, claro, obviamente.

"Eu fazia o último ano de Medicina, eu me lembro que fui ao Teatro Municipal em São Paulo... Eu fazia residência no HC, no Hospital das Clínicas... Mas, veja bem, eu consegui entrar numa residência, que eram só quatro vagas no Brasil... Era o Brasil inteiro atrás daquilo. Quer dizer, eu não deveria ser um mau aluno de Medicina também, eu penso agora. Se bem que eu nunca estudei muito, mas eu não me considero um burro, acho que eu prestava atenção nas coisas, enfim... Peguei uma das quatro vagas para fazer residência de Psiquiatria... Eu fui num concerto. A hora que o fulano começou a tocar o piano me deu uma coisa tão visceral, sabe? Era uma sonoridade que mexia tanto com as minhas entranhas, era como se eu estivesse vendo... Abraçando um velho amigo. Aquele dia pra mim foi tão claro que eu tinha que voltar pra música. Chorei o concerto inteiro, senti saudades, aquelas maluquices.

"E eu fiquei um tempão nessa crise: é música, é Medicina? E percebi também que eu tava desculpando uma coisa com a outra. Mas aí, com o tempo, fui conversando com meus colegas psiquiatras, conversando com meu professor, sobre essa crise, eu cheguei à conclusão: que eu tinha esse contato então com a música, de infância, que era uma coisa visceral, e a Medicina tinha entrado na minha vida porque eu havia procurado um caminho comum como todo jovem, de fazer colégio, universidade. E não havia percebido como a música era importante para mim. E aí eu concluí que eu deveria seguir isso, que seria muito melhor eu me arrepender de uma coisa que tentei fazer do que deixar de fazer. E eu achei que foi um ato muito inteligente o meu.

"Só que daí eu tive outro problema. Eu tive vergonha de pedir ajuda à minha família que já tinha me ajudado em coisas de Medicina. Meu pai, quando eu nasci, era um homem muito rico. Mas depois ele passou por grandes situações de quebras financeiras por causa de geadas, perdeu fazendas, as serrarias que ele tinha queimaram, foi uma tragédia atrás da outra. Eu me lembro de que já no meu tempo de Medicina ele teve de fazer vários sacrifícios pra eu estudar. Então eu me senti muito mal em, de repente, falar: 'Agora eu não quero mais isso, quero fazer outra coisa'. Aí eu comecei a buscar alguns concursos de piano, e acabei vencendo vários.

"E eu sempre fui ligado, não é religioso, mas acredito em anjo da guarda, que tem uma mão tomando conta de você, sempre fui ligado muito nisso, até hoje cada vez mais. Sempre que me vejo em situações de dificuldade, eu apelo pra esse tipo de coisa e sempre encontro uma ajuda. E eu me lembro que eu ficava... pensando se alguém poderia me dar algum sinal se eu estava no caminho certo, coisa assim de um pouco de fantasia de artista também. E comecei a entrar em vários concursos de piano e comecei a achar muito estranho que, apesar de ter mais idade do que os outros e de ter estudado menos, eu sempre ganhava. Então tomei aquilo como sinal de que eu estava no caminho certo. Loucura talvez, enfim. E foi tão estranho que acabei indo representar o Brasil num concurso de piano que acontecia em Portugal, nem lembro mais em que ano, e eu acabei vencendo lá, imagine você. E esse concurso me deu uma bolsa de estudo para a Alemanha. Eu achei realmente que era o meu caminho sendo mostrado através desse concurso. Então eu falei: 'Poxa vida, de repente eu tenho uma bolsa pra fazer na Alemanha, que é o país onde você faz Música, eu posso, sem a ajuda financeira dos meus pais'. Aí eu tomei essa bolsa e fiquei cinco anos na Alemanha estudando às custas do governo alemão, por causa desse concurso de Portugal. O prêmio do concurso era a bolsa, isso eu não falei, além de alguns concertos na Europa. A bolsa era por dois anos, aí eu prorroguei por mais dois e mais um. Fiquei cinco anos estudando. Cada vez que eu ficava estudando mais lá, via que era realmente isso que eu queria. Cada vez a vontade de estudar era algo maior, eu estudei como um louco.

"Eu me senti muito atrasado porque cheguei na Alemanha já com 26, 27 anos. E todo mundo que começava o estudo lá tinha vinte, 21. Eu tava muito atrasado, era o mais velho. Porque eu havia passado um ano em São Paulo, onde tive uma vida cultural intensa. Mas até então eu fiz Medicina em Londrina. Londrina na época não tinha absolutamente nada, não tinha uma ópera pra você assistir, não tinha uma orquestra, não tinha um quarteto, não tinha nada. Eu era, musicalmente, uma pessoa completamente ignorante. A cultura musical que eu tinha era dos discos e dos meus pais, e desse ano em São Paulo. Então a Alemanha pra mim nesse primeiro ano... Eu quase enlouqueci, sabe, de sede. Eu ia a todas as óperas, a todos os concertos, a todos os quartetos, a tudo o que era teatro, exposição, foi um banho de cultura na minha vida. E cada vez mais entusiasmado, adorando aquilo, amando."

▶ Isso tudo era junto com a especialização, em São Paulo?

"Em São Paulo foi a residência. A residência eu deixei depois de três meses. Eu fiz essa residência três meses quando ganhei o concurso. Foi assim, para ser bem exato: quando eu fazia o sexto ano de Medicina em internato é que fui pra Portugal fazer esse concurso de piano. Meus professores aqui achavam o máximo aquilo. Um monte deles, quando eu tava na cirurgia, comentavam comigo: 'Marco, você tá pensando em Beethoven ou tá aqui do nosso lado?' (risos). Me lembro que nessa fase de internato também você faz muito plantão e o meu grupo de plantão era eu mais três pessoas. E essas três pessoas adoravam tanto o meu piano, elas gostavam tanto, compreenderam tanto que a minha vida nunca foi aquela, antes que eu, talvez, que em todos os plantões me mandavam embora. Diziam: 'Vai pra casa estudar piano, se o negócio piorar aqui nós te chamamos'. Uma maravilha esses três, eu jamais me esqueço deles, foi uma coisa muito forte na vida. Então nas nossas noites de plantão eu só ficava em casa, me preparando pro concurso. E quando tinha acidente de ônibus, não sei o quê, eles ligavam: 'Marco, vem correndo que tá faltando gente aqui pra sutura'. Aí eu voltava pro hospital. Fiquei o ano inteiro fazendo isso. Eles praticamente cobriam. Até confesso também que várias vezes eu fui pra prova no sexto ano de Medicina e essa menina fazia a prova pra mim. Eu sentava do lado dela, ela fazia a dela, a minha, a gente trocava papéis... Eles foram cúmplices, mas eu não tinha consciência disso. E foi aí nesse sexto ano de Medicina que eu fui pra Portugal e venci o concurso. Porque a bolsa demora sempre quase um ano, entendeu, até concretizar. Aí foi o tempo que eu fiz o concurso para residência, comecei a residência e depois de três ou quatro meses é que tive o resultado de que eu podia ir pra Alemanha com a bolsa. Aí eu fui. Deixei tudo. Meu chefe lá em São Paulo falou: 'Olha, se você quiser voltar um dia, até dois anos, pode voltar, que a tua vaga vale'.

Mas imagina, nunca mais me lembro. Se alguém falar que eu fiz Medicina, até assusto.

"E aí, depois desses cinco anos de bolsa, o Daad, que é o serviço de intercâmbio de bolsas, exige que você volte para o seu país de origem. Eles te mandam lá só pra você aprender a língua, propagar a cultura alemã, mas você tem que voltar para o seu país de origem. Aí nessa época, que eu acho que é coisa de destino também, eu prestei concurso para ser professor-assistente lá e passei, aí eu consegui driblar esse Daad. O diretor mandou uma carta pra eles, dizendo que eu era uma figura que deveria ficar de qualquer jeito, não sei o quê... E eu não precisei voltar pro Brasil. Aí fui professor-assistente vários anos, de 81 a 86 exatamente, e prestei um novo concurso pra pegar uma cátedra de piano. E agora eu sou professor catedrático. Isso quer dizer que é o nível mais alto que você tem de carreira universitária lá na Alemanha, na Universidade de Hamburgo. E desde 96 que eu assumi também o curso de Pós-graduação de Metodologia do Ensino de Piano na Universidade de Leipzig, na antiga Alemanha Oriental. Então, eu trabalho nessas duas universidades na área pedagógica e junto faço meus concertos pelo mundo inteiro.

"Eu entendo hoje assim, viu, que o que a Medicina me deu foi a metodologia. Se eu tivesse feito só música... Eu tenho uma tendência muito grande para coisas irreais, sou completamente romântico, tenho uma fantasia enorme, luto diariamente contra a minha fantasia. Vivo no mundo das nuvens. Nesse ponto sou realmente um artista. E os anos de Medicina me botaram os pés no chão. Eu entendo hoje que uma coisa ajudou a outra. A Medicina me deu lógica na cabeça, me deu método, me deu concreto, me deu o a-b-c-d, entendeu? E eu vejo nas coisas profissionais de músico, que é esse lado médico, esse lado real que me coloca na frente dos outros. Porque os artistas são muito perdidos, você não pode imaginar. Eu vejo nos meus amigos e nos meus alunos também, eles não têm disciplina de trabalho, não têm ordem de trabalho. Eles não conseguem colocar ordem de valores, e isso tudo eu aprendi fazendo uma universidade."

▶ *E a docência, como foi?*

"Praticamente foi uma coisa de urgência, porque se eu não fizesse isso eu teria que voltar ao Brasil, eu não poderia ter ficado na Alemanha, vivendo lá. O Daad carimba seu passaporte, tem que voltar mesmo. Tanto é que as quatro pessoas que ganharam bolsa comigo tiveram que voltar. Eu achei essa escapatória do concurso, entendeu? E realmente aí eu comecei com outra carreira, né? Que é a coisa de Pedagogia, de que eu gosto muito por sinal. Acho também que a Medicina me ajudou muito, na coisa de sistema, de ordem. Porque parece que eu sou bom professor, eu tenho muito sucesso.

"E agora entra uma quarta história ainda. Eu comecei a trabalhar com técnica pianística nas coisas da LER (Lesões por Esforço Repetitivo). Os músicos estão sofrendo muito com isso agora, sabe? Praticamente 80% dos músicos têm dor. Aliás, como qualquer pessoa que mexe com computador também. Tenho amigos jornalistas aí e todos têm dor também. Cinqüenta por cento por causa do mobiliário que nunca é ideal e os outros 50% por falta de consciência da coisa de corpo. E eu fundei junto com outros médicos e outros músicos na Alemanha uma associação, a Associação de Música e Medicina. Essa associação tem um congresso anual, cresce cada vez mais, já virou negócio internacional, um sucesso incrível. A gente discute – um é um encontro anual, o outro é um congresso internacional – então nós trocamos idéias nesses dois encontros por ano sobre as técnicas que se pode fazer, quais médicos especializados existem para cuidar dos músicos. Fundamos também uma *hot line*, qualquer músico que tenha problema de doença pode ligar a qualquer hora para esse telefone, que ele dá informação sobre qual pessoa mora naquela região e pode cuidar dele, para ele não ir em um pronto-socorro, onde ninguém entende nada. Eu comecei um lado aí de assistência médica para doença do músico. Quer dizer, as coisas se fecham, gozado, né? Mas essa não é a minha, não. O meu acento maior mesmo é minha vida como músico. Todo o resto se apóia isso, faz parte, uma coisa ajuda a outra, mas o acento principal é a minha vida como músico. E como músico eu quero dizer como intérprete, como solista. E eu divido esse meu tempo de intérprete com os alunos.

"Mas confesso também que, profissionalmente falando, aluno me cansa muito, sabia? Esse semestre sabático agora é porque eu tava de saco cheio de aluno. Eu vejo que meu prazer mesmo é eu e o meu piano. Mas confesso também que é muito gostoso você ter contato com a juventude. O professor de piano é uma coisa muito cansativa. A aula de piano é individual, não é aula em grupo. E a aula individual é muito intensa. As pessoas que te procuram trazem para a aula de piano todos os problemas delas. Além de ser individual, as pessoas que mexem com música são pessoas muito sensíveis. Quando você lida com processo artístico, as pessoas se abrem numa aula, então o professor vira cúmplice, vira médico, vira pai, vira mãe, vira amante, vira tudo. Então é muito cansativo, é quase um trabalho de psiquiatra que você faz com seus alunos. E isso é muito excitante, mas é cansativo demais, porque eles trazem todos os problemas pra aula de piano, e junto com a música você resolve quem não tem dinheiro, quem não tem a roupa de verão, outro cuja mãe morreu, que não tem tempo pra estudar ou que a namorada foi embora... E aí vai junto. E junto com os anseios desses jovens, porque eles querem fazer da música uma coisa profissional. E tá cada vez mais difícil, em qualquer campo profissional os empregos são cada vez menores. Então, tem um lado profissional que é muito difícil. Eles vêm pra aula, para o trabalho com você com muita esperança. O professor de piano é aquele que vai resolver a vida deles. Então eu passo um bom tempo mostrando pra eles que não é nada disso. Que eu estou ali para ajudá-los numa certa coisa que eles estão procurando. Mas isso cansa muito, eu acho."

▶ *Voltando à escolha pela Psiquiatria...*

"Eu acho que a minha escolha pela Psiquiatria foi pelo lado do sonho, pelo lado humano que te falei antes. Eu não sabia também o que fazer em Psiquiatria. E quando eu fui para essa residência, fui sem saber direito o que fazer de Psiquiatria depois. Mas me encantou, como ainda hoje me encanta, entendeu? Não as doenças psiquiátricas, mas os desvios psicológicos. Porque, como eu tive muita fantasia também, sempre me policiei muito contra mentira, entendeu? E tive sempre muita experiência com os meus amigos... Adultos que se comportam como criança, pessoas que têm quatro ou cinco parceiros ao mesmo tempo e ficam tentando tapear todo mundo, enfim, a imaturidade emocional foi uma coisa que sempre me encantou. Eu acho que foi por causa disso. Eu até brincava com os meus amigos tentando resolver esse tipo de problema deles. Tanto é que chegou uma época que eu fiz até um catálogo dos meus amigos: quem tinha síndrome de Peter Pan, quem que era mentiroso, quem era não sei o quê, não sei o quê... Brincadeira. E sempre fui procurado por eles como confidente pra resolver o problema. Eu nunca pensei por que, mas deve ter sido por esse lado. Ao mesmo tempo foi efêmero, porque depois de três meses eu fui embora e acabou."

Como foi deixar a Medicina?

Então, foi doloroso. Eu não sei se só deixar que foi doloroso. Porque foi aquele conflito: o que é que eu faço? Tanto foi doloroso deixar aquilo quanto partir pra outra. Eu não sei o que era mais doloroso. Porque acho até que o mais doloroso era a minha insegurança quanto à nova coisa e não quanto ao que eu estava deixando. Aquilo que eu estava deixando era uma segurança, eu tinha um curso universitário feito, poderia até ser um médico de muito sucesso, sempre tive muito contato com paciente. Mas eu fui pelo lado do desconhecido. Aí você vê como era forte isso. Eu fui me dar conta e me lembro muito bem de que quando eu fui para Alemanha, fui num vôo pela TAP (Transportes Aéreos Portugueses), um vôo que saía de Campinas não sei por que, era naquela época, sei lá... Eu me lembro que tudo era festa, era uma festa total. Todo mundo me levou ao aeroporto, Alemanha, não sei o quê. Quando sentei no avião é que me lembro do choque que tive. Eu disse assim: 'Meu Deus do céu, o que é que eu estou fazendo?'. Me lembro também que desci na Alemanha sozinho, sem conhecer ninguém, falava mal a língua e disse: 'Olha, é muita coragem'. Eu penso hoje que se fosse cinco anos mais tarde eu não teria essa coragem, é coisa de juventude isso, viu, isso é maluquice de juventude. Mas que combina com a minha fantasia, entendeu? Fantasia tem uma coisa de sonho, de coragem, você mete as caras, acha que vai dar certo. Eu sempre fui muito positivo nas minhas coisas. Eu não me dou o direito de não ser feliz, até hoje, entendeu? Tô sempre me policiando, dizendo que vai dar certo, que vai dar certo, eu vou trabalhar por isso. Mas são atos de juventude, eu acho. Hoje eu vejo que fui um cara muito corajoso mesmo, de ter feito uma coisa dessas. E de partir para uma coisa nova num país onde a coisa mais difícil que existe é a música, onde a concorrência é muito grande. E, olha, eu tenho muito orgulho de dizer, porque demorou um pouco mas eu alcancei na Alemanha tanto no nível pedagógico quanto no nível de concerto as melhores posições. Tenho por temporada de trinta a quarenta concertos nas melhores orquestras. Sou um artista conhecido lá. Tem pessoas que vão especialmente pra me ouvir tocar. Nas universidades alguns discos que eu gravo têm crítica internacional, também nos Estados Unidos, de excelência. Alcancei nas universidades o maior nível que você pode imaginar de carreira. Enfim, deu certo, entendeu? Eu sou uma pessoa que deu certo. Eu tenho muito orgulho de falar isso. Apesar de

VIDA E PROFISSÃO – CARTOGRAFANDO TRAJETÓRIAS | 97

todos os desvios. E hoje penso talvez que, sei lá, se é destino, carma, o que que é isso. Pode ser que se eu tivesse ido antes para Alemanha não teria dado certo como deu depois. Apesar de certa idade, de me sentir atrasado, de ter de recuperar a formação de música com os concertos. Então me considero profissionalmente uma pessoa plenamente realizada, muito realizada mesmo. E sou bastante feliz por causa disso.

"E junto com a música agora, além dessa coisa de intérprete e de professor, eu também tenho dirigido alguns espetáculos. Estou fazendo direção musical. Eu dirigi uma Carmina Burana aqui, dirigi na Alemanha também. Sábado passado teve esse espetáculo de ópera que eu dirigi. Eu tenho dirigido alguns trabalhos cênicos que têm a ver com a música. Por exemplo, na época dos festivais eu peguei as cartas de Mozart, todas as cartas dele, botei um ator interpretando a carta e encontrei com a música. Sabe, coisas assim. Mas a minha meta era de professor. Ou seja, eu quero através desses espetáculos... É um artifício didático que eu uso com o teatro, para que a pessoa saiba quem foi o Mozart por meio das cartas. Fiz isso com Mozart, com Beethoven, fiz até uma turnê aqui pelo Paraná numas seis ou sete cidades. Eu escrevi o texto do Beethoven com uma orquestra sinfônica. Aí fiz outro espetáculo sobre as cartas do Schumann, ele com a mulher. Agora fiz essa coisa de ópera que é uma homenagem a Verdi. Já fiz a Carmina Burana. Me chamaram pra fazer uma Traviata. É outro lado, outra faceta de músico.

"Continuo inventando. É a fantasia. É uma coisa de doido. Você sabe que eu fico à noite de vez em quando sem dormir, a minha cabeça pegando fogo, de coisas que eu fico imaginando: espetáculos que podem dar certo, como mexer com a luz, como usar esse texto, como não usar o texto. E fiz também direção de festival. Fui cinco anos diretor do Festival de Londrina. Mas esse é mais um lado pedagógico. Eu criei o Festival de Música de Cascavel e dirigi alguns anos também lá. Criei também um Festival de Música de Câmara da Paraíba, fui chamado pra fazer isso lá, eu fui várias vezes dar aula lá. Estou sempre presente também nos Festivais de Música de Campos do Jordão. Fui agora para a Oficina de Música de Curitiba. Mas aí é sempre dando aula, é mais o lado pedagógico. Eu tenho muito orgulho também em dizer que na época que fiquei para o Festival de Música aqui em Londrina, que foram cinco anos em que eu dirigi este festival, peguei o festival muito pequeno e cinco anos depois, quando eu deixei, era o maior do país. Tinha mil e quinhentos alunos, era uma coisa enorme.

Tinha concertos, a região inteira vinha assistir aos concertos, um trabalho muito legal. Até pedem também pra eu voltar...

"Uma coisa também que deve estar junto com a minha personalidade: eu digo sempre que não gosto de ler o jornal de ontem, não quero mais saber do Festival de Londrina, já fiz, não quero mais saber. Eu deixo tudo isso pra trás e vou pra outra. Uma certa... Superficialidade? Não, não sei como definir. É que passado é passado, ponto. Você fez aquilo, pronto, vamos pra outra. Depois, festivais têm muito a ver com políticos, e político enche muito o saco, você fica só em reunião pra ver se o político vai te dar o hotel, se tem comida para os professores... Não tem nada a ver com o lado musical. Isso é muito cansativo nos festivais, entendeu? Porque o lado artístico é facílimo e maravilhoso. Agora esse outro é um abacaxi.

"Então, a música poderia se resumir com isso: tem a minha profissão de músico como solista, intérprete. A de professor, que você pode juntar com a direção dos festivais, tanto direção como criação, como a minha presença nos festivais. Esse meu outro lado aí de mexer com a doença profissional dos músicos, que é uma coisa que a Medicina me ajudou muito, sem dúvida nenhuma. Tem também a organização dessa associação que eu já falei que ajudei a fundar. E esse outro lado de dirigir espetáculos de arte, música com teatro, com literatura, com letras. São as divisões do músico, e o médico dançou, pronto, entrou na escola de tango e dançou."

► Comentário final

"O que eu falo aqui em alguns minutos foram meses de noites sem sono, eu tinha uma dor de estômago horrível, cheguei a fazer sintoma dessa minha crise. Foi uma coisa muito difícil. E na época eu lembro que eu ficava muito chateado porque achava que todo mundo tinha de participar dessa crise comigo, imagina... Hoje eu entendo que por eu ter passado pela crise sozinho tive mais força na resolução. Porque, se meus pais resolvessem ou meu amigo na época, sei lá o quê, eu ficaria muito fraco na decisão. Mas, como fiz isso sozinho, algumas pessoas me tomavam por louco: 'Imagina, você com o curso de Medicina vai fazer música, que loucura é essa!'. Eu admiro muito... Meu pai já havia morrido nessa época, meu pai morreu quando eu fazia o último ano de Medicina. Eu admiro muito a minha mãe. Ela ficou... Uma coisa tão imparcial... Disse: 'Olha, Marco, problema teu, resolva'.

Alemã como ela é disse assim: 'Vai com Deus, mas vai'. Ou seja, resolva com Deus mas resolva. 'Resolve e pára de me encher o saco.' Então ficou na dela. Eu admiro muito essa mulher por causa disso, sabia? Porque ela jamais me influenciou. Eu percebia, claro, uma pequena frustração de o filho médico jogar a Medicina pela janela. Mas nunca se manifestou, nunca me deixou culpado por causa disso. Isso foi muito legal. Mas a decisão foi minha, sozinho. E nessa hora eu conversava com um, conversava com outro e claro que me sentia muito só. E a busca de sinais, eu tenho certeza de que algum anjinho aí vai dar algum sinal. E os sinais pra mim foram essas vitórias, uma atrás da outra, em concursos de piano. Eu tinha tanto sucesso nos concursos que eu dizia: 'Gente, isso é um sinal'. Porque eu nem me sentia muito bem preparado. E tanto é que culminou com esse concurso internacional de Portugal que me dá uma bolsa. Falei: 'Ah, é por aqui que eu vou'. Aí eu aliviei, entendeu? Aí foi só uma questão de formalidades lá no HC, de ir embora e pronto... Muita loucura, né?"

6

Análise da
primeira entrevista

No início do relato de Marco percebemos que o interesse pela escolha profissional foi algo que veio de fora, trazido pelo outro, no caso os pais e os amigos. Ele diz: "*Acho que a escolha profissional nem é você que pensa, os pais começam a falar*". Assim, sem necessariamente reconhecer a escolha profissional como uma questão sua, podemos considerar que o atravessamento familiar colocou para Marco a necessidade de uma decisão.

Uma vez que Marco se envolve com essa necessidade socialmente colocada, encontramos uma primeira configuração de forças que passaremos a analisar. Primeiramente, ele fala das disciplinas de que mais gostava na escola, separando-as em dois blocos: Química, Física e Biologia; bem como aquelas ligadas às ciências humanas como línguas e História. Temos aí um vasto leque de preferências que poderiam apontar para caminhos profissionais muito diferentes. Diante dessa diversidade, provavelmente o contato com as disciplinas cursadas no segundo grau influenciaram, mas não foram decisivas em seu processo de escolha pelo curso de Medicina.

Encontramos então outra força presente em seu relato que consiste no "*prestígio*" que ele atribui à carreira médica. Esse "*prestígio*" se desdobra em "*brilho, carreira bonita e que dá dinheiro*". Temos aí um atravessamento do mercado de trabalho por meio do qual são difundidas noções, muitas vezes idealizadas das profissões, as quais são absorvidas e desejadas. Porém, quando fala desse *"prestígio"*, ele ainda não tem uma concepção sobre as implicações do exercício da profissão propriamente dita.

Outras forças aparecem em seu relato quando explica que a beleza atribuída ao curso de Medicina está no *"contato humano"* que, segundo a sua ótica, essa profissão possibilita. Paralelamente a essa explicação, ele conta que teve uma infância muito solitária, em função de seus estudos de piano. Em suas palavras: *"como eu era uma pessoa que estudava piano, estranha para meninos que ficavam mais tempo na rua, jogando futebol, eu sempre fui muito sozinho"*. Marco mostra que durante a infância experimentou certo distanciamento das brincadeiras e do dia-a-dia das outras crianças, fato que provavelmente aumentava a sua sensação de solidão. Tal isolamento pode ter sido vivido como uma carência que precisava, de certa maneira, ser *"compensada"*. Assim, cursando a Medicina, descobriu uma forma de fazê-lo e relata: *"Então, a área médica, através do contato com os pacientes, compensou muito esse lado. Então eu comecei a gostar muito da Medicina pelo contato humano"*. Por meio desse *"contato"* o curso de Medicina começa a fazer sentido para ele.

Vejamos como se dá essa compensação. Marco continua a explicar o que acha *"bonito"* na Medicina reportando-se a outra força que denomina *"religiosa"*. Por meio dela, sentia-se *"quase um herói ajudando as pessoas de pouca renda"*. O reconhecimento que essas pessoas tinham pelo seu trabalho talvez servisse, nesse momento de sua vida, como uma compensação por sua infância solitária, visto que, com sua atividade de estudante, conquistara um reconhecimento social tal que lhe dava a sensação de ter um lugar diferenciado perante aquela população, ou seja, um lugar de *"herói"*. Aqui a idealização da Medicina como profissão se torna ainda mais evidente, pois o seu exercício é por ele comparado às conquistas de um *"herói"*. Vale destacar que tanto o apelo da religião quanto a figura do herói são forças que atravessam em vários momentos este relato, rearticulando-se, porém, em diferentes configurações, como veremos mais adiante.

O atravessamento familiar reaparece no relato de Marco quando ele sente a necessidade de frisar a não-interferência dos pais em sua decisão. Entretanto, a família pode ter apresentado a demanda de que, uma vez feita a escolha, esta fosse levada até o final, ou seja, uma demanda de conclusão e consolidação da carreira médica. Tal demanda guardava uma incompatibilidade com a dúvida e com a posterior desistência da profissão. Mas, sobre isso, temos apenas indícios quando Marco relata que seus pais ficaram "*chocados*" quando ele deixou a Medicina para seguir a carreira de pianista, abandonando assim a expectativa de continuidade da formação na profissão escolhida.

Diante das forças até aqui apresentadas no relato de Marco, podemos dizer que a sua primeira escolha profissional, feita pelo curso de Medicina, atende particularmente a uma demanda de reconhecimento social, ligada ao que ele denomina "*prestígio*". Esse "*prestígio*" lhe era tão importante que, para alcançá-lo, concluiu o curso de Medicina e chegou a ser aprovado em uma residência médica. Todo esse processo foi referendado pelos pais, uma vez que essa profissão contava com a aceitação do meio social. Assim, a primeira escolha, relativa aos atravessamentos familiar e do mercado de trabalho, responde mais a uma demanda de reconhecimento externo.

Mas envolvendo-se com o curso de Medicina e sua lida com os doentes ele pôde compensar sua solidão. Priorizando seus ideais humanitários, com sua ajuda aos carentes, Marco entra em contato com uma grande quantidade de pessoas, o que lhe possibilita experimentar a sensação de inserção e pertencimento à comunidade. Isso é exatamente o que não sentia em sua infância quando era o menino pianista, por exigência de seus estudos solitários. Provavelmente, a Medicina foi ganhando consistência e se consolidando como um território profissional justamente pelo aumento de potência que vivenciava ao estabelecer estes contatos.

Até o momento do vestibular e mesmo no início dos estudos universitários, Marco não experimentou um conflito ou uma indecisão mais forte. Entretanto, a decisão pela Medicina não se manteve cristalizada. Marco começa a vivenciar um conflito entre Medicina e piano quando experimenta a vida profissional cursando a universidade. O território do pianista já estava sendo construído desde a infância, era algo muito próximo. Ele diz: "*a música estava ali, eu nunca tive de sair de casa para procurá-la*". Tratava-se de algo pelo qual não precisava batalhar ou se expor, sendo essa intimidade com a música comparável à intimidade mantida entre o bebê e a mãe ao receber desta o "*leite materno*".

Já a necessidade de definir uma profissão com um curso universitário era algo que vinha de fora, uma ruptura com o que estava sendo vivido até então e surgia pela solicitação de outrem. Como a relação com a música era algo "*muito natural, muito visceral, nada pro-*

gramado", ou seja, por estar excessivamente próximo dela, pensá-la como uma profissão que precisava ser programada e definida ainda não era possível no momento do vestibular. Somente quando se envolve com outra profissão, cursando Medicina e, em alguma medida, se distanciando da música, é que esta última acaba sendo reconhecida como uma possibilidade profissional. Talvez faltasse mesmo um distanciamento da música, por meio do qual Marco fosse capaz de reconhecê-la como uma profissão com contornos nítidos.

É nesse momento que se instala o conflito e Marco reconhece a música como uma possibilidade tão próxima que a denomina "*profissão visceral*", a qual se afirma com uma força ainda maior. Instala-se dessa forma uma crise durante a qual Marco transita entre dois territórios profissionais: Medicina e piano, não se sentindo em nenhum deles. Ele diz: "*Mas eu não era nem uma coisa nem outra. Acho que não era nem pianista nem estudante de Medicina*". É como se estivesse na fronteira entre as duas possibilidades, fato que de certa forma o incomodava. Entretanto, é nesse "*jogo*", nessa "*brincadeira*" com os dois territórios que ele vai conseguindo viver o conflito e, mais do que isso, vai tentando reconhecer, entre as forças presentes nesse embate, as que mais afirmam a sua potência. Apesar da dificuldade de viver nessa fronteira e até se desqualificando por conta disso, acaba reconhecendo que era competente tanto em uma atividade como na outra, visto que foi aprovado em uma residência médica e ganhou alguns concursos de piano, todos muito concorridos. Ao viver a angústia da fronteira entre esses dois territórios, Marco se permite experimentar as duas possibilidades, afirmando a vida também no mal-estar decorrente da indecisão.

Podemos dizer que nesse trânsito entre Medicina e piano Marco vive uma forma de resistência à cristalização de uma identidade profissional, visto não se deixar enquadrar nem por uma coisa nem por outra. Resistindo a uma predefinição, Marco mantém-se ligado a esses dois territórios e singulariza uma maneira diferente de ser médico e pianista. E nesse processo não se submete a virar um médico sem música ou um músico sem Medicina.

A isso vem se somar o fato de que, a partir do momento que os amigos e os professores, reconhecendo o seu talento para o piano, solicitam que ele toque nos congressos, Marco conquista o aval da comunidade médica para a música. Sobre isso comenta: "*a Medicina praticamente me levou de volta para o piano, sabe como? Porque como todo mundo sabia que eu tocava piano e bem, eu sempre era chamado para fazer recitais em congressos médicos, entendeu?".* Aqui podemos encontrar um entrelaçamento entre a música e a Medicina, no qual, mesmo se afirmando como estudante de Medicina, Marco introduz a música nesse território e esta passa a ficar mais próxima do seu cotidiano bem como do cotidiano dos médicos. Posteriormente, essa correlação de forças se inverterá, como veremos.

Pudemos acompanhar Marco dizer no início que a música, remetida à experiência da infância, estava muito associada ao isolamento e à solidão. Já, aqui, a música ganha outro estatuto, pois, com ela, Marco se integra ao meio médico como músico, sentindo-se reconhecido, respeitado e admirado pelos colegas por meio da arte. Dessa forma, o próprio meio médico que tende a cristalizar uma identidade profissional na área ajuda a impulsionar Marco para a carreira musical.

Marco relata um episódio que viveu em São Paulo e o aproximou mais ainda da música. A nosso ver, essa experiência foi um acontecimento a partir do qual se opera uma mudança em sua trajetória de vida. Sobre o concerto a que foi assistir no Teatro Municipal, Marco conta: *"A hora que o fulano começou a tocar o piano me deu uma coisa tão visceral, sabe? Era uma sonoridade que mexia tanto com as minhas entranhas...".* Ele se sentiu totalmente afetado por aquele acontecimento e nesse instante percebe uma mudança na correlação de forças. É como se aquele embate entre as forças, que o mantinham na indecisão, consolidasse nesse momento uma nova configuração em virtude da qual a música apontava para um caminho a ser investido e, por meio dela, ele se sentisse convocado a afirmar sua potência com a arte. Esse acontecimento provoca a sensação de estar *"... Abraçando um velho amigo".* Diante de toda a intensidade ali vivida, Marco constata que poderia fazer da carreira de pianista a sua profissão. Nesse sentido, comenta: *"Aquele dia pra mim foi tão claro que eu tinha que voltar pra música. Chorei o concerto inteiro, senti saudades, aquelas maluquices".* Assim, a sensibilidade do artista que chora, que tem saudades e deixa-se afetar visceralmente pela sonoridade daquele encontro vem à tona e acaba operando uma mudança na trajetória de vida que vinha sendo construída até então.

Marco continua seu relato sobre como foi viver a indecisão. Nesse processo ele não só transita entre dois territórios como também convoca seus amigos e professores para discutir acerca de suas dúvidas. Manter essa interlocução sobre sua vida profissional serve como um reconhecimento de pertença ao grupo. Nesses diálogos é capaz de resgatar sua história e se dar conta do quanto estava, em sua primeira escolha pela Medicina, respondendo a uma demanda de inclusão social, no período em que *"havia procurado um caminho comum como todo jovem"*. Como já vimos, quando criança, Marco se sentia fora dos padrões de atividades estabelecidas para as crianças. Na juventude, prefere acompanhar a tendência da maioria dos jovens cursando a universidade e garantindo com isso sua inserção profissional. Na medida em que estabelece as interlocuções com seu grupo de amigos e professores, vinculados à Medicina, ele consegue uma espécie de aprovação, por meio da qual se permite retornar ao que considerava visceral, isto é, a música.

Outra configuração de forças emerge então. Diante do limite econômico para levar em frente seus estudos de piano, Marco novamente se vê sozinho e prefere resolver o problema por sua conta, sem recorrer à família. Apesar de serem apenas indícios, eles nos deixam, no entanto, perceber novamente a presença de certa angústia quando ele relata: *"Eu tive vergonha de pedir ajuda à minha família que já tinha me ajudado em coisas de Medicina"*. A Medicina era um curso que agradava a família, mesmo que isso implicasse *"sacrifícios"*. A angústia gerada por essa situação pode então estar ligada ao atravessamento familiar ante o qual Marco percebe uma incompatibilidade entre o seu desejo e o desejo da família. Assim, o fato de não se sentir à vontade para pedir ajuda pode nos apontar que esta, apesar de muito ligada à música, não via com bons olhos o abandono da Medicina. Isso o levou a buscar alternativas para contornar a situação econômica.

Uma das condições para retornar à carreira de pianista é novamente o apoio recebido do meio médico (colegas e professores). É como se Marco negociasse seu futuro profissional com o meio social. Nesse processo, encontrava, por um lado, uma parcela de pessoas importantes para ele, as quais apoiavam a carreira médica pelo esforço realizado até então, pelo investimento econômico despendido na universidade e pelo prestígio que a profissão confere. Por outro, havia pessoas que apoiavam o abandono da Medicina em favor da música que poderia ser realizada então como uma profissão, reconhecendo seu talento e sua preferência.

Tendo garantido o apoio social em ambas as possibilidades, Medicina e música, Marco recorre novamente a um lado que chama *"re-*

ligioso". Já acompanhamos o quanto essa força denominada "*religiosa*" é relevante em sua trajetória. Aqui ela se reconfigura e aparece pela procura de "*sinais*". Essa busca de "*sinais*" ajuda-o a aplacar a angústia gerada em seu processo de escolha e aponta para o seu desejo de encontrar uma verdade. Talvez essa busca de uma verdade seja importante na medida em que ele não quer "errar" na sua escolha, visto que "errar" poderia implicar a perda do apoio e da pertença social, os quais foram conquistados aos poucos e se tornaram valiosos em sua vida. Assim, Marco solicitava um "*sinal*" religioso que pudesse confirmar se de fato "*estava no caminho certo*". Esta certeza era uma espécie de garantia de que, seguindo seu desejo, não colocaria em risco a rede de relações conquistada nesses anos.

Nesse processo, Marco denomina de "*estranho*" o fato de conseguir vencer os concursos de piano, apontando para as diferenças que havia entre ele e os demais candidatos que puderam estudar mais e eram mais jovens. Contudo, também podemos dizer que ele precisava dessa sensação de estranhamento, visto que, por meio dela, tinha condições de reconhecer o desejado "*sinal*". Sentindo-se contemplado pelos sinais e decidindo seguir a carreira de pianista, busca compensar o que ele considerava um atraso cultural e vive intensamente cada contato com a cultura, a qual se lhe apresenta então como uma necessidade vital: "*Eu quase enlouqueci, sabe, de sede*".

Podemos perceber o quanto o apoio social é importante para Marco, que o busca de forma recorrente em sua trajetória de vida. Ao vencer o concurso de piano, quando cursava o sexto ano de Medicina, comenta que seus professores "*achavam o máximo aquilo*". E nesse sentido vemos que se instala uma cumplicidade entre Marco, seus colegas do curso e seus professores, num processo de apoio ao músico. Imerso na crise e nas suas dúvidas, ele mantém-se na fronteira. Ademais, os que lhe são próximos reconhecem e valorizam sua atração pela música. Isso pode ser percebido quando ele relata o apoio que recebeu de seus colegas de plantão no último ano de Medicina: "*essas três pessoas adoravam tanto o meu piano, elas gostavam tanto, compreenderam tanto que a minha vida nunca foi aquela, antes que eu, talvez, que em todos os plantões me mandavam embora*". Toda uma estratégia de apoio foi então utilizada pelo grupo como forma de garantir o espaço do músico.

Podemos dizer que essa estratégia se apresenta como uma forma de resistência ao caráter irreversível da escolha profissional. Durante o sexto ano, conforme relatado, o estudante de Medicina já está completamente imerso no mundo do trabalho, situação que Marco conseguiu, com a ajuda dos colegas, contornar. O interessante é que não só ele resiste a essa captura, como também seus colegas de curso e seus professores. Trata-se de uma resistência que atravessa o grupo e por meio da qual o desejo que se mostra diferente acaba encontrando uma linha de fuga do universo de trabalho da Medicina. E nesse processo os demais envolvidos também participam como agentes que ajudam a operar essa fuga. Temos então uma força que se manifesta no grupo em favor da diferença e afirma o devir músico em questão.

Nesse momento, contando com o apoio de uma parcela de seu meio, Marco pode afirmar o piano como uma carreira séria e reconhecida. Dessa forma pode mostrar-se competente no que faz, contemplando seu desejo tanto ao acolher a carreira musical quanto ao responder à demanda social por uma carreira de prestígio.

Envolvendo-se, agora profissionalmente, com a música, Marco continua a construção de sua profissão e nesse trajeto outras forças aparecem. Vivendo na Alemanha, estabelece ali um estilo de vida que tem como norteador a música. Entretanto, para mantê-lo, precisa abrir-se para outras possibilidades profissionais. Marco o faz buscando explorar as potencialidades de criação na música, articulando-a com diferentes forças. Vejamos algumas composições.

Num primeiro momento, vemos o pianista aproximar-se da carreira docente que até então não havia sequer sido considerada. Prestar o concurso foi uma estratégia utilizada a fim de, segundo suas palavras, "*driblar*" o contrato de estudos estabelecido pelo Daad, o qual exigia o retorno ao país de origem após uma data preestabelecida. Resistir a esse contrato exige uma série de negociações políticas, as quais são efetivadas com sua aprovação como professor assistente na Universidade de Hamburgo.

Confirmado na docência, Marco mantém um contato social significativo com seus alunos e é permanentemente convocado por estes para ser um professor com o qual seja possível manter uma relação diferenciada. Ele relata: "*Quando você lida com processo artístico, as pessoas se abrem numa aula, então o professor vira cúmplice, vira médico, vira pai, vira mãe, vira amante, vira tudo*". Vemos então que não se trata apenas de uma atividade técnica, mas de uma relação subjetiva bastante intensa e múltipla. Nesse processo, Marco acaba articulando a música com a expectativa que havia construído sobre a Psiquiatria, que envolvia também o que ele chama de um *"lado humano"*, por intermédio do qual, mesmo de forma incipiente, poderia ajudar os alunos a resolver seus problemas. Marco diz: *"é quase um trabalho de psiquiatra que você faz com seus alunos"*.

Ainda no que se refere à carreira docente, Marco cruza vários universos de conhecimento. Resgata, por exemplo, como a Medicina foi importante por ter dado *"a metodologia, o concreto e a lógica"*, conquistando, graças a essas habilidades, um lugar diferenciado perante os demais pianistas, estando até mesmo à frente deles. Com essas habilidades consegue superar o atraso de seus estudos musicais. E nessa perspectiva articula os conhecimentos da Medicina, da música e da docência como forma de trabalhar didaticamente na formação de seus alunos.

Outra articulação é feita por Marco ao envolver música e Medicina em um projeto de atendimento de saúde aos músicos, quando começa a trabalhar com *"técnica pianística nas coisas de Ler"*. A esse respeito comenta: *"Quer dizer, as coisas se fecham, gozado, né?"*. Fica claro aos seus olhos que aqui se fecha dada configuração entre a música e a Medicina, por meio da qual a experiência vivida no curso de Medicina acaba sendo retomada e ressignificada, tendo como objetivo principal a música. Mas poderíamos ampliar essa constatação e dizer que o embate entre as forças é permanente, estando sempre em aberto para novas composições. Assim como já relatado, na época que cursava a universidade, Marco levou a música para o território da Medicina, tocando em congressos. Nesse momento ele inverte a correlação de forças e a Medicina acaba sendo trazida para o território da música, como mais um conhecimento que dá suporte à sua atividade e permite novas composições.

Marco conta também as articulações que faz no universo artístico entre a música e as artes cênicas. Fala de suas criações para espetáculos com fins musicais e didáticos. Nessas composições, revela-se muito sensível para os momentos de criação, chegando a comentar: *"Você sabe que eu fico à noite de vez em quando sem dormir, a minha cabeça pegando fogo, de coisas que eu fico imaginando"*. Podemos dizer que aquilo que faz *"pegar fogo"* é justamente o grau de intimidade que ele mantém com sua potência de criação, ou seja, Marco mostra-se conectado com as transformações possíveis ou fantasiadas, bem como com a intensidade dos afetos que daí emergem. Essa intimidade, com freqüência desestabilizadora, que por vezes espanta o sono, é o que torna possível efetivar as suas criações.

Assim, com a música, Marco afirma não apenas o pianista, mas o entrecruzamento de diferentes universos de conhecimento, com os quais vai construindo sua carreira profissional. Ele sintetiza sua vida musical, destacando os diferentes territórios intensivos pelos quais transita, da seguinte maneira: "...*tem a minha profissão de músico como solista, intérprete. A de professor, que você pode juntar com a direção dos festivais, tanto direção como criação, como a minha presença nos festivais. Esse meu outro lado aí de mexer com a doença profissional dos músicos, que é uma coisa que a Medicina me ajudou muito, sem dúvida nenhuma. Tem também a organização dessa associação que eu já falei que ajudei a fundar. E esse outro lado de dirigir espetáculos de arte, música com teatro, com literatura, com letras. São as divisões do músico, e o médico dançou, pronto, entrou na escola de tango e dançou*". O que dançou, talvez, seja a Medicina como profissão única e cristalizada, com a qual Marco não se identifica e até se "*assusta*" quando alguém diz que ele fez esse curso. Mas não podemos dizer que a Medicina, como um território intensivo, tenha "*dançado*". Ao contrário, ela continua presente em sua vida profissional, porém de uma forma mais plástica, possibilitando novas composições.

Quando solicitado a falar mais sobre a sua escolha pela Psiquiatria, Marco volta a mencionar o valor que atribui ao "*contato humano*". Mas não tem noção do que poderia fazer depois com essa especialização, sendo muito mais orientado pela sua "*fantasia*" e seu "*encantamento*".

Ao falar sobre como foi abandonar a Medicina, Marco mostra que a dor está presente tanto em abandonar uma trajetória profissional construída, que já não faz mais sentido, mas continua representando segurança e estabilidade, quanto em envolver-se com a retomada da música, porém agora em outro patamar, ou seja, vivendo na Alemanha e iniciando os estudos profissionais. Marco relata o quanto essa experiência foi dolorosa. Afirmar a vida na sua potência de criação é afirmá-la com o que ela tem, inclusive a dor, o que nos aponta para a experiência trágica de sua trajetória: ante duas possibilidades profissionais, investidas libidinalmente, faz-se necessário optar e, com isso, acolher todas as conseqüências dessa opção.

Apesar da angústia presente nesse processo, Marco afirma em seu relato: "*Mas eu fui pelo lado do desconhecido. Aí você vê como era forte isso*". É justamente no enfrentamento desse novo, desse estranho que ele consegue abrir-se para o "*desconhecido*" e, dessa forma, criar um modo singular de exercitar seu vigor e sua potência. Quando fala disso, reconhece: "*...é coisa de juventude isso, viu, isso é maluquice de juventude. Mas que combina com a minha fantasia, entendeu?*". Talvez possamos considerar que a ênfase que ele recorrentemente coloca no que denomina "*fantasia*" seja justamente a afirmação de sua potência, por meio da qual se abre para o diferente.

Assim, Marco afirma o músico, com todas as adversidades que se lhe apresentam, como as dificuldades com a língua, o lugar desconhecido, a solidão e a idade. Tais adversidades, uma vez enfrentadas, reforçam sua fantasia já mencionada de "*ser um herói*". Essa força do "*herói*" se reconfigura em seu "*ato de coragem*", seu "*ato de juventude*" por intermédio dos quais ele consegue manter-se próximo dos desafios. Podemos dizer que nesse trajeto Marco não só constrói uma profissão, mas um estilo de vida que também passa pela profissão e cuja intensidade está na abertura para o novo.

Ao final do relato, Marco afirma o pianista solista como seu "*acento*" maior, sendo as demais atividades realizadas como um "*apoio*". É como se ele distinguisse aqui sua passagem entre outros dois territórios. O primeiro seria o da solidão do pianista solista, que estuda sozinho e vai para o palco sozinho, estando diretamente remetido à sua experiência de infância. O outro está na inserção social que conquista pelas atividades de professor, de médico e de artista, atividades que lhe conferem, de alguma forma, a sensação de pertença ao meio social e a partir das quais experimenta uma sensação de segurança. Nesse trânsito, Marco não abre mão de nenhum território, visto que ambos lhe são significativos. Poderíamos então considerar que o território das relações sociais mais próximas serve como um "*apoio*" psíquico, por meio do qual o pianista se sente seguro para estar só quando afirma o solista.

Recorrentemente encontramos nesta entrevista o comentário de que sua vida: "*É muita loucura, coisa de doido*". Talvez uma das condições para que a vida possa ser vivida intensivamente seja justamente isso que Marco chama de "*loucura*", que podemos entender como uma forma de resistência aos aprisionamentos que lhe foram colocados em diversos momentos a favor da estabilidade e da carreira sólida. Essa resistência, ou "*loucura*", poderia ser encontrada durante seu relato nas diferentes estratégias de fuga dos padrões vigentes, na afirmação da potência do novo, no acolhimento do acaso e principalmente na abertura para uma construção artística da vida. Resistindo, Marco constrói uma forma singular para afirmar sua potência de criação, mesmo que, por vezes, essa resistência seja traduzida como *"loucura"* ou *"desvio"*. Sobre sua trajetória, ele conclui: *"Eu sou uma pessoa que deu certo. Eu tenho muito orgulho de falar isso. Apesar de todos os desvios".*

7

Segunda entrevista

Acompanharemos agora a trajetória profissional de um advogado de 39 anos, brasileiro, residente no interior do estado do Paraná que doravante será denominado Helton. Também foi proposto a ele que falasse sobre sua profissão a partir de uma primeira pergunta. Depois disso a entrevistadora intervinha apenas quando necessário, a fim de aprofundar a investigação.

▶ *Desde que época da sua vida você se lembra de ter pensado na questão da profissão?*

"Pois bem. Quando da infância, em tenra idade, vamos dizer assim, eu achava bonito... Sempre achei bonita a justiça. Eu pensava em ser juiz. Eu achava bonito aquela mesona grande, aquela cadeira alta. Lá em cima, olhando tudo do alto. Mas passou, foi um momento da nossa vida que passou. Após essa fase eu fui estudando, fui à escola, fui me preparando. Eu era bem criança. Eu não teria dez anos. Eu comentava sempre com a minha avó, com minha mãe também.

"Passada essa fase, chegou o momento... No final da primeira etapa da escolarização de todo mundo, chega na via-crúcis da escolha da profissão. Na época havia uma dúvida muito grande, a gente era muito jovem, tinha dezessete, dezoito anos... Veio aquela dúvida cruel: o que fazer? Naquela época começaram a aparecer os primeiros... Isso era em 79, oitenta... Começaram a surgir aqueles testes vocacionais. Eu até me propus a fazer um em Londrina. Só em Londrina que tinha. Aí eu pensei bem, quer saber de uma coisa... Em casa sempre teve caminhão do meu pai, dos meus avós também, e eu sempre gostei muito. Então, optei: vou fazer Engenharia Mecânica, que eu me identifico muito com a parte mecânica, gosto muito. Deu aquele estalo.

"Daí eu me preparei pro vestibular. Fiz o terceirão e fui fazer a minha primeira prova do vestibular. Fui fazer em Santa Catarina, na federal e na estadual, pra Engenharia Mecânica. Eu nunca tinha saído de casa. Saído sim, mas nunca sozinho, foi uma experiência nova. Então fui pra Floripa fazer meu primeiro vestibular. Foi uma experiência de vida muito boa, pois nunca tinha saído, cortou um pouco do cordão umbilical. E você sente aquele baque, aquele balde de água fria. Puxa vida, mas aqui é difícil. E peguei classificação, poderia até ter entrado. Mas foi tão violenta aquela distância, eu fiquei quase trinta dias fora de casa porque entre um vestibular e outro tinha um distanciamento de quinze dias, da federal para a estadual. Então fiz na federal em Florianópolis, depois voltei para Joinville. Aí fiquei sozinho na república de uns amigos que já estavam cursando lá. Ficava esperando os outros chegarem e demorava. Foi uma experiência nova. Mas não sei se foi isso que eu fiquei meio arredio à questão de ficar longe de casa.

"O que aconteceu? Mesmo conseguindo a classificação que poderia ficar lá na área depois fazendo o curso, não aceitei. Como meu irmão mais velho estava cursando Agronomia em Bandeirantes, na Meneguel, eu falei: 'Acho que vou fazer Agronomia'. Sempre em casa também tinha... Desde que me conheço por gente meu avô tinha propriedade, meu pai teve e tem. Então vamos mexer com roça. Então vim pra cá, fiz vestibular, fiquei uns seis meses.

"Se bem que eu estava naquela transição que você não sabe muito bem o que quer, eu estava querendo uma experiência nova. Eu gostava de viajar também, eu e meu pai viajávamos de caminhão. Mas falei: 'Vou tentar de novo um vestibular para Agronomia'. Fiz em Londrina e Maringá. Em Maringá peguei classificação de novo pra fazer Ciências Biológicas e depois poderia trocar. Mas eu queria mesmo... Eu queria dar uma zoada. Então falei com meu pai e ele disse: 'Você quer experimentar a estrada, vai para a estrada, vai trabalhar. Vamos experimentar como é a coisa antes'.

"E fui viajar. Na época fazia-se Rondônia, o forte era viajar para Rondônia, estrada de chão. Fiquei uns seis meses aproximadamente

VIDA E PROFISSÃO – CARTOGRAFANDO TRAJETÓRIAS | 115

viajando com meus tios. Aí aconteceu de um tio ir pra Foz do Iguaçu, no início da construção da hidrelétrica de Itaipu. Nesse período, eu estava lá em Foz trabalhando com meu pai de caminhão. Mas aí acabou o serviço do caminhão, ficou só a parte administrativa e de construção civil. E meu tio continuou, ele fazia parte do setor de pessoal da Unicon. Ele me convidou para fazer um concurso. Estavam abertas as inscrições pra um concurso, pra trabalhar na manutenção e operação da hidrelétrica. Era um concurso para fazer um curso técnico para os futuros operadores da hidrelétrica de Itaipu: a parte da usina, da subestação e também a parte técnica. Eu me encaixaria na parte de operação, pois não tinha feito o curso técnico de segundo grau. No final do ano fiz esse concurso. Eram quatro etapas e eu passei. Passei e fui convocado, recebi um telegrama avisando que eu havia passado nas quatro etapas que foram feitas.

"Aí fui estudar. Eu era bolsista, fiz concurso pra fazer um curso e recebi uma bolsa. Na época, em função de ser binacional, existiam paraguaios e brasileiros nas turmas que haviam sido feitas para iniciar a operação, nós recebíamos a bolsa em dólar. Eles nos pagavam pra estudar. Eu fiquei um ano e meio em Minas Gerais... Quase um ano em Passos, no estado de Minas Gerais, na Usina de Furnas fazendo um curso eletrotécnico pra operar usinas hidrelétricas e subestações, pra operar o envio de energia de alta voltagem. Então fiz esse curso, estagiei em Minas, Piraci, depois fui pra Itumbiara fazer mais uma etapa do estágio. Morei em Itumbiara mais alguns meses. E no final eu fui pra Assunção, que seria a última fase pra conhecer o sistema elétrico do Paraguai. Eu fiquei lá em Assunção uns três, quatro meses trabalhando, estagiando. E de lá viemos efetivamente pra começar a operar a Itaipu. Isso foi no ano de 83 já. Em meados de 83, por questão de contenção de despesa do governo federal, eles definiram terminar com os estágios. E começamos a trabalhar.

"Só que, quando eu fiz esses estágios, aí era bom, eu era bem remunerado, era pago pra estudar, tinha alguns privilégios, gostava até então. O problema é que eu comecei a não gostar, não me... sentir bem nessa função, nessa profissão, em função de turnos. Uma usina hidrelétrica não pára, são 24 horas gerando energia pra dar conta da carga, da demanda. Nós estamos aqui com a luz ligada, o computador ligado. É agora, à noite, de madrugada, certo? Então tem alguém lá operando uma hidrelétrica pra fazer gerar energia pra dar condições de conforto à população. O problema é que era complicado: os turnos que nós estagiamos, no sistema Furnas, eram três turnos de oito horas. Era complicado. Você pegava seis e trinta da manhã até quatorze e trinta, das quatorze e trinta até as vinte e duas e trinta, das vinte e duas e trinta até as seis e trinta. Então era um ciclo em que você não tem sábado, não tem domingo, não tem feriado, não tem ano novo. Está sempre trabalhando. E o meu metabolismo ficou meio confuso. Porque no dia em que você está escalado pra trabalhar, você tá com sono. No dia que você tem folgão você não tá com sono. Então comecei a pensar: isso não é legal. Tanto que nós brigamos depois, buscando apoio da primeira e da segunda turma no sentido de fazer um turno diferenciado, que foi aplicado depois. Só que eu não cheguei a aproveitar esse momento, porque pedi meu desligamento antes. Eram quatro turnos de seis horas, que seria do meio-dia às dezoito, das dezoito às vinte e quatro, das vinte e quatro às seis, das seis ao meio-dia. E aí o que acontecia: as pessoas poderiam almoçar em casa. Elas sairiam de casa depois do almoço pra trabalhar. Não precisariam comer... marmita que levavam pra nós lá ou alguma coisa do refeitório. Comiam alguma coisa de casa. Se você saía à tarde, dava tempo de ir para casa jantar, descansar. E você trabalhava metade da noite. Então você vinha pra casa, já dava pra dormir de madrugada. Eventualmente, quando você pegava a parte da madrugada, já tinha dormido. Poderia aproveitar as nove, dez horas, dormir um soninho antes de pegar o trabalho. Então era algo que amenizava um pouco. Era um projeto que foi discutido e no futuro tivemos a implantação desse rodízio de turnos.

"Mas até então eu estava lá e, depois de verificar o que é a parte técnica, conhecer a função técnica de uma pessoa com conhecimento médio, que seria a minha parte, que eu fazia a parte de operação, e como engenheiro, do alto escalão, então eu já me desencantei com a parte da Engenharia nesse momento. Poxa vida, mas a Engenharia, estar aqui vinculado, empregado, conseguir aprovação que não é fácil... O engenheiro mecânico tem de estar vinculado ao elétrico, ao mecânico, tem todos esses profissionais lá numa usina. Então eu observei e percebi o que era realmente a parte técnica e funcional e a aplicação da profissão de engenheiro, certo? Aí me desiludi porque eu tinha outra visão: você vai fazer projetos, trabalhar numa montadora, poderia ser diferente. Mas eu me desencantei, perdi mesmo o encanto de ver o lado técnico. Aí me despertou, nesse período que eu estava em Foz trabalhando na usina, que eu iria permanecer ali o resto da minha vida se continuasse naquela função.

VIDA E PROFISSÃO – CARTOGRAFANDO TRAJETÓRIAS | 117

"Então, comecei a matutar: acho que eu vou fazer um vestibular, mas vou fazer pra Direito. Direito é mais abrangente, no Direito o horizonte é muito vasto, eu vou ter a minha liberdade. Se eu quiser fazer um concurso eu posso prestar, se quiser montar meu escritório eu monto, se eu quiser trabalhar com o que eu tenho de capacidade de trabalhar, com lavoura ou alguma coisa assim, com caminhão mesmo, que eu sempre gostei... Aí eu comecei a estudar de novo, sozinho, no próprio alojamento onde eu ficava lá em Foz, dentro do próprio canteiro. Peguei as apostilas que eu tinha guardadas, levei de casa e comecei a estudar.

"Aí eu vim e prestei vestibular em Londrina. Fiz o primeiro e passei pra Direito noturno. E aí que foi um problema pra eu poder sair. Eu tinha um custo para União, eles investiram em mim. Para sair, fui falar com o meu chefe, eles fizeram reunião. Falei com o outro encarregado porque tem um escalão de chefe, mais chefe, mais chefe. Fizemos entrevista novamente, quer dizer, eles tinham uma esperança em mim de ser um técnico e um operador, sem sombra de dúvidas. Tanto é que eu fui muito bem em todas as partes do estudo e do estágio também. Só que existia o agravante do custo. Era dólar e eu não tinha dado retorno, trabalhei pouco. Eu tinha de dar mais retorno.

"Daí eu escrevi uma carta explicitando os motivos. Existiam muitos problemas na época. Não existia uma usina pronta em 83, havia uma turbina, um tubo gerador que iria ser posto em funcionamento, começar a rodar. Era a primeira numa série de vinte. São vinte lá, eles falam dezoito, mas são dez de cada lado. São vinte tubos geradores. Como era a primeira a ser colocada pra rodar, existia muita construção civil a ser feita, e como a questão política do governo era economizar... Porque em época de obras o governo tem a política de gastar. Tinha, hoje é tudo superfaturado e há muito desperdício. Quando a operação chega em uma usina, ela chega pra enxugar, pra economizar, porque ela chega pra gerar, pra produzir, pra fazer aquilo dar retorno ao governo. Com essa filosofia de começar a gerar energia pela máquina, eles fizeram com que os estagiários das turmas ficassem ali. Não existia tanto serviço assim para o nível operacional do grupo gerador.

"Havia todo um lado de que a Itaipu era um espetáculo, algo que existe de mais moderno ainda em hidrelétrica. É tudo automatizado, nem precisaria de tantos operadores. Num primeiro passo sim, pois existiam muitos experimentos técnicos lá de eletricidade e da parte de eletrônica, que era uma novidade na época. Mas não tinha ainda uma credibilidade. Precisaria verificar se a coisa iria realmente funcionar. Mas na época, por questão de economia, o governo, por meio da Companhia Auxiliar de Empresas Hidrelétricas Brasileiras, impôs que todos nós ficássemos em Foz para economizar, com diárias, com o custo que tínhamos no sistema Furnas.

"Então ficamos ali submissos à condição de que, como não tinha o serviço propriamente técnico da área de geração, colocaram a gente pra trabalhar em apertar botão, pra ligar e desligar bomba na copa quarenta, cento e poucos metros abaixo, na base da usina, ou para acompanhar o fluxo da água. Atividade que não era nossa... Exposto a poeira, barulho, uma série de inconvenientes [...]. Como eu tinha passado no vestibular, peguei todo esse contexto de problemas que estava acontecendo conosco, com os companheiros, e fiz uma carta expondo estes motivos. Tô saindo, mas vou deixar aqui minha insatisfação do que está acontecendo. E nem mencionei o que eu iria fazer, comentei que voltaria a estudar, terminar um curso superior. E fiz a exposição dos motivos denunciando todo o desconforto, o desvio de função que estava ocorrendo com a área técnica daquela usina. E aí aceitaram, meio a contragosto, mas me liberaram. Fizeram a rescisão comigo. Voltei para efetivamente começar a cursar a faculdade de Direito.

"Como eu voltei? Eu tinha um padrão de vida, tinha um salário, na época eu já era efetivado. Logo que cheguei em Foz já passei a ser funcionário, então tinha um padrão de vida em termos de remuneração já estabelecido, estável. Na época ninguém pensava que um funcionário do Banco do Brasil ou da Eletrobrás sairia. Só se pedisse, como eu fiz. E ainda muita gente falou: 'mas você é louco!'.

"Os próprios colegas que hoje estão advogando. Eu fui conversar com um e com outro sobre a minha idéia. Eles diziam: 'Você é louco, advocacia é muito difícil, muito ruim, o curso é uma dificuldade louca'. Me encheram de medo. Coisa que eu nunca faço, nunca fiz com ninguém. Mas mesmo assim eu peitei e falei: 'Vou enfrentar tudo, optei por isso, agora tenho que ir até o fim'. Então deixei aquela situação estável, tranqüila com um salário muito bom na época e voltei atrás quanto à remuneração, ao padrão de vida. Voltei a morar com meus pais e continuei trabalhando também pra poder cursar o Direito noturno. Ia de ônibus todo dia, ia e voltava.

"E voltei a trabalhar. Meu pai tinha propriedade, voltei para o sítio do meu pai. Às vezes comprava e vendia automóvel, ou seja, algumas coisas paralelas para conseguir o sustento. Quando você tem independência financeira, é difícil voltar para o seu pai. Além de seu pai te dar a casa pra você morar, mais cinco anos de escola e ainda ficar aí pedindo dinheiro pro papai, né... Foi difícil porque era uma barra você abrir mão de uma situação financeira. Mas aí eu optei, vou fazer o quê? Eu vou, com algumas economias que eu havia feito nesse período... Comecei a fazer alguns negocinhos, tocar o sítio pra conseguir renda. Renda pra manter minha escola, que na época era paga [...] A gratuidade nas escolas de ensino superior veio depois. Tinha de pagar a faculdade, pagar o ônibus, tinha que... Como todo jovem, você sai à noite, sai no final de semana, você tem que ter um dinheiro pra gastar também em lazer. Eu tinha que ter minha independência econômica. Então apertei porque a coisa pesou mais.

"E tinha um lado psicológico. Me lembrava de uma coisa que meu avô sempre dizia [...]: 'A vida da gente é cheia de encruzilhadas, você chega em uma encruzilhada, não será a primeira nem a última, você tem que fazer uma opção por um caminho ou por outro. Quando faz a opção por um caminho, você não pode nem pensar em voltar pra saber o que tinha no outro, você optou por aquele, não tem volta. Você quer aquele, é naquele que você vai'. E eu tinha uma vantagem comigo: se eu precisasse algum dia voltar pro meu trabalho eu tinha certeza de que as portas estariam abertas. Eu deixei as portas abertas, não saí de lá brigado com ninguém, saí por vontade expressa de poder estudar. Existia alguma condição desfavorável à função, mas eu também estava consciente, quando fiz o vestibular, que se eu não passasse na primeira vez, levei sorte de passar, eu voltaria, continuaria trabalhando e faria de novo [...]. Aí eu fui feliz e passei no primeiro que tentei. Porque, se não passasse, continuaria no serviço lá, não iria abandonar o serviço. Abandonei porque tracei um objetivo. Falei: vou fazer. Depois que eu terminar o meu curso vou voltar a dirigir caminhão? Não sei. Vou montar uma padaria? Não sei.

"Tanto é que depois concluí o curso, com muita dificuldade. Tive de parar meu curso uma época. Eu me associei ao meu irmão, compramos um caminhão. Financiamos esse caminhão por um ano, em 87. Mas esse caminhão deu problema com o motorista. Então eu tive que trancar o curso no final pra ficar quase meio ano trabalhando com o caminhão pra poder pagar. Eu sacrifiquei um período da minha escola. E quando você tranca um período na faculdade é um problema sério porque pra voltar tem de ter uma vontade louca, se não você desacelera, se afasta. Depois eu consegui resolver o problema do banco, paguei, quitei o caminhão e voltei a estudar. Só que teve um problema. Em 87, depois de pago o caminhão, o motorista desgovernou e bateu. Eu não tinha renovado o seguro, perdi o caminhão. Mas, como se diz, a gente era novo ainda. Era uma opção que a gente tinha feito de investimento; se deu errado, vamos começar de novo. Fazer o quê? Perdeu, a vida continua, temos saúde, vamos lá.

"Aí o que aconteceu? Consegui terminar, me formei. Só que, com essa minha formatura, eu fiquei bacharel. E pra advogar você tem de se habilitar, fazer exame de ordem, conseguir a habilitação que é a carteira da OAB. É a inscrição da OAB que te possibilita assinar as petições para então montar uma bancada de advocacia. Eu me formei em 89, noventa, eu atrasei por questão de trancar um período, aí tive de puxar matérias, apertou mais pra mim. Mas consegui passar por essa fase e terminei, concluí meu curso.

"Como eu não tinha feito estágio, até tentei fazer estágio, mas não deu certo porque era complicado. Hoje até é um pouco mais fácil. Tinha a escola de aplicação em Londrina, mas eu morava em Apucarana. Fazia a escola de aplicação quem tinha condições financeiras pra se deslocar de carro ou morar em Londrina, principalmente quem fazia o curso matutino. Mas nós, do curso noturno... Todos trabalhavam e por isso faziam o curso à noite. Então não tinha muito tempo pra fazer o estágio. Todas as vezes que eu tentei estágio em Apucarana era um campo muito limitado, muito fechado. Você vai aprender no mundo, na atividade efetivamente. Na faculdade eles te ensinam o básico. Mas não existe assim, no curso de Direito, algo para profissionalizar um pouco mais. Só o escritório de aplicação é limitado. Mas teria que necessariamente ter um curso, uma matéria dentro desse curso, no início, pra ir mostrando um caminho, pelo menos o básico, como é que funciona. E ficou muito difícil, principalmente pra mim que não fiz estágio. E quando você procurava aqui ou existia o convite você chegava lá, o cidadão queria que você fosse um *boy*: 'Pra estagiar aqui, tem esse monte de duplicata... Você tem carro? Tenho. Então tem de ir pra Borrazópolis, Ivaiporã, Londrina pra fazer cobrança'. Você então é um *boy* que leva e traz. Fui manusear um processo quando já estava habilitado, quando comecei a trabalhar como advogado com a OAB. Porque sem a OAB não consegui nada. Depois que eu me formei, continuei a tocar a terra, tinha arrendado mais. Perdi o caminhão no acidente, mas depois comprei outro menor.

"Inclusive quando eu estava fazendo o último período, eu estava trabalhando também com o caminhãozinho. Eu tinha uma linha de remédios de Curitiba. Fiquei um ano fazendo essa linha de remédios pra reforçar o orçamento. O caminhão era de carga rápida. Eu ia duas vezes por semana a Curitiba, de quarta e sábado. Como eu puxei matérias, no meu último período, eu fiquei com uma matéria só pra fechar. Era toda terça-feira à noite. Então eu fazia toda a minha praça que começava em Reserva e terminava em Santa Fé. Eu rodava numa média de doze a quinze mil quilômetros por mês. Saía daqui no sábado, carregava o caminhãozinho em Curitiba, voltava. Na segunda-feira começavam as entregas, terminavam na terça, às vezes até à tarde. Aí eu corria para faculdade, fazia a minha matéria. Saía de madrugada, na quarta amanhecia em Curitiba para carregar de novo o caminhão. Voltava pra trabalhar na quinta. Na sexta à tarde ou no sábado de madrugada descia pra recarregar em Curitiba novamente. Fazia isso pra ajudar no orçamento. E depois de formado continuei a mexer.

"Então surgiu aquela vontade expressa. Quando eu terminei o curso, tinha aquele sonho de chegar ao fim dos cinco anos da minha faculdade e ter pelo menos uns dois ou três caminhões... Na época não era tão ruim o transporte. O transporte mudou muito de lá pra cá. Mas eu e meu irmão não dependíamos do caminhão pra nada, eu era solteiro e a despesa era mínima, meu irmão também tinha o serviço dele. Só que aí não tive condições por causa do acidente. Chegou no final eu estava quase igual no começo da faculdade. Ou, se não, ainda mais descapitalizado.

"Aí eu continuei, porque parar pra montar uma bancada em advocacia era muito difícil. Isso não acontece do dia pra noite. Você tem de criar um conhecimento, um nome. E isso demora dois, três, cinco, sete, oito anos. Eu estou praticamente com onze anos advogando, e agora dá pra sentir que a gente tem certo conhecimento. Mas não é fácil, porque a concorrência está muito grande. E na época era pior ainda: vou advogar o quê? Eu não sei advogar. Saí da faculdade, sou bacharel, entendo um pouco o que está no código, mas não sei como advogar. Vou ter de aprender isso na prática, na teoria você tem uma idéia, mas na prática... Aquele sonho acadêmico não vai se concluir nunca. Eu fiquei sem habilitação e fiquei trabalhando numa atividade que não Direito.

"Em 91, um tio me convidou pra cuidar da parte de locação da imobiliária dele. Outro advogado me convidou: 'Olha, eu tenho uns processinhos da área previdenciária'. Então trabalhava na imobiliária e ali mesmo atendia a parte de previdência. Mas aí eu precisava con-

122 | SONIA REGINA VARGAS MANSANO

seguir a habilitação, eles deram uma força pra eu conseguir. E a família também cobrando: 'Você está formado e fica aí...'. Então eu fiz o exame de ordem, que era um bicho-papão, até hoje ainda é. E realmente não é fácil, você precisa estar preparado. Eu estudei, fiz o primeiro exame de ordem e tive a felicidade de passar. Consegui minha inscrição, estava habilitado e continuei advogando.

"Depois eu parei com a locação, com a imobiliária porque começou a acumular serviço, era muita coisa. E um companheiro me convidou pra trabalhar no escritório dele. E nós ficamos lá até dois anos atrás. Ele se dedicava exclusivamente à área previdenciária, eu fazia a previdenciária e a civil, família e trabalhista, que ele não fazia pois não era muito a fim na época. Fiquei até praticamente dois anos atrás e montei o meu espaço, o meu escritório. Nós trabalhamos juntos praticamente sete, oito anos. Foi muito bom, ele me deu uma bagagem muito boa e a própria experiência da vida também, me instruí bem mais. E estamos aí agora advogando. Resumidamente, é isso aí.

"Tá difícil. Quanto à satisfação com a profissão, é uma profissão que já me proporcionou e proporciona muitas alegrias. Não proporciona muito mais porque nós fazemos a nossa parte, agora, o sistema judiciário neste país está um tanto quanto defasado no que se refere a resultados. Existe aí uma inércia do Estado no sentido de proporcionar justiça para todos. É um custo muito elevado. E não existe uma preocupação do governo em fazer com que a justiça seja extensiva a todos. Nós temos aí um déficit muito grande nesse sentido. A própria questão dessas novas varas cíveis, penais, trabalhista para dar mais fluxo aos processos demandaria uma maior contratação por parte do Estado de juízes e de promotores. Nós ficamos aí num período de dez anos com o que está, não se mexe, aí vai se acumulando serviço. Não existe material humano, os que estão aí são insuficientes. Os juízes estão com trabalho acumulando. Então é difícil você ver um resultado eminente e rápido.

"É muito frustrante porque o elo de ligação entre aquele que necessita da justiça, que é o cidadão, e a justiça efetivamente é o advogado. Sem o advogado, o cidadão não alcança o seu direito. Ele tem que ter o intermédio do profissional que vai ter a sua bancada para atendê-lo e buscar o direito para satisfazer a necessidade desse cidadão. Agora, a pressão é tamanha para o lado do advogado... porque como ele é a ponte, o elo, confunde-se aí na maioria por parte daquele que necessita da justiça... Associa-se aí a demora, a lentidão da justiça à incompetência do advogado. Tem mais este agravante. Então não podemos nem devemos garantir resultado, muito menos resultado rápido, pois o sistema é lento, moroso demais.

"E de outro lado saber, como já aconteceu comigo e com clientes meus. Você pega, trabalha, infelizmente é demorado, resolve o problema, mas de repente você vai dar a solução do problema não àquele que te contratou, e sim à viúva. Porque é uma satisfação pessoal você resolver. Você resolveu para a família, amparou um ente, seja um filho, seja uma esposa. Mas a satisfação maior seria ter resolvido para aquele que veio nos buscar, que veio desesperado. Você vê a pessoa adoecer, vê a pessoa definhar naquela ânsia. E o brilho nos olhos de ter resolvido, ter o direito dele alcançado. Mas não pra ele, infelizmente. Então é muito sofrido para o profissional ter esse lado. Poxa vida, você fez, fez, conseguiu, mas pra quem? Não foi para aquele que te buscou, que fez um compromisso com você. Então é difícil.

"E, mais ainda, no Judiciário existem duas férias: uma em julho e outra em janeiro. O nosso país é cheio de feriados. Nós advogados não temos férias, somos profissionais liberais, não temos salário. Temos prestação de serviços, temos uma carteira de clientes que precisamos sempre estar plantando para colher algum dia. Agora, em contrapartida, além de o Judiciário estar com esse acúmulo entre processos em tramitação e pessoas para analisar, impedindo que eles fluam, existe a questão do período de recesso. É muito grande, são sessenta dias no ano. A defasagem é enorme. Fora os períodos de final de ano, festas natalinas que são emendadas. Já é pouco tempo no ano, é complicado, tem muita coisa para ser mudada. Fica uma pressão muito grande para o profissional.

E além do que, há uma avalanche de cursos, não só no ramo de Direito, mas em outros cursos superiores que existem nesse país. Não tem um controle. Por mais que as instituições, entidades de classes briguem, fiscalizem para que saiam bons cursos ou que se limitem os cursos... O que ainda mais faz valer é o curso de Medicina, no qual o conselho é atuante e põe freio. Mas infelizmente existem muitas lacunas na própria legislação que faz com que consigam criar novos cursos. Sendo assim, você tem uma avalanche de profissionais.

"Realmente não tá fácil, mas nós vamos tocando o barco. Agora, é vantagem você ter um pouco mais de vivência. Perde-se um pouco de tempo na forma como eu concluí o curso superior, eu atrasei praticamente dois anos e meio. Em contrapartida, vejo que isso não foi um atraso. Foi um ganho porque você cresce como pessoa, como indivíduo, quando consegue visualizar o que é o mundo. E também você cresce nas suas oportunidades. O Direito é muito bonito, muito envolvente... Mas você não vive só de emoção. Você tem que ter retorno financeiro. Se você não tiver retorno financeiro à altura das suas expectativas, então você tem opções outras. Você já viveu outras atividades, sabe que vai poder exercer uma nova atividade ou voltar à anterior. Romance é bonito, mas infelizmente a vida real tem espinhos, ela não é só rosas. Tem que ver até que ponto é viável. Principalmente num país como o nosso [...] que tem uma cultura de massa. O que mais faz sucesso em nosso país é a mídia. Isso dá dinheiro, dá retorno, e o povo se identifica porque eles fazem a programação voltada pra essa massa."

▶ *Quando você começou a se dedicar mais à advocacia, deixou as outras atividades com o caminhão e a roça?*

"O caminhão e o contato com a terra até hoje eu tenho. Quer dizer, o caminhão grande eu não tenho mais, judia muito da gente e dá muito prejuízo. Hoje, economicamente falando, o mercado está bastante agressivo. Você tem que estar agregado a uma empresa, tem que estar com um caminhão bom pra não dar muita manutenção. Então, em termos de retorno financeiro, é muito ingrato. E o transporte nesse país é muito complicado. Então continuo hoje mexendo, em paralelo... Como eu disse, por eu ter traçado esse perfil na minha vida, não sei se estou certo ou errado, mas tem que ver o lado de não desanimar. Você tem que fazer um pouco do que gosta. Não que eu não goste do que eu faço, gosto. Mas de repente você tem uma paixãozinha a mais por uma coisa que te dê mais liberdade. Eu gosto de liberdade, todo mundo gosta. Tem gente que fica o dia inteirinho no escritório e acha a coisa mais gostosa do mundo. Se eu ficar aqui dentro do escritório eu não agüento, eu tenho que sair. Eu saio mesmo, pois tem dia que tenho que atender fora, vou pra Califórnia, tenho que ir à Prefeitura, ao INSS ver processo. Eu estou muito em trânsito. Se eu ficasse no escritório, talvez estivesse catando mais serviço, mas meu estilo de advocacia é esse. Eu tenho que buscar o serviço também. Se eu ficar aqui dentro esperando, ele não acontece. Eu tenho que fazer ele acontecer. E de fato eu tenho obtido algum êxito nessa maneira de tratar minha profissão.

"Mas de fato eu gosto muito também de campo, de área rural. Eu arrendo uma propriedade, não é minha propriedade, mas eu arrendo, não planto mas mexo com pasto. Porque é uma opção, é uma válvula de escape. De repente, você tem um final de semana... É que nem programa de índio, vamos pro mato, vamos para o sítio ver como é que ele tá. No fim da tarde você dá uma escapadinha, vai ver como estão as coisas por lá, como estão os bichos. Então você desliga, é algo com que você dá uma relaxada pra não ficar tão sobrecarregado com o cotidiano. Principalmente com a nossa profissão que você mexe muito com problema alheio.

"Ninguém procura um advogado por rosas. Sempre é com pepino, com problemas, com dificuldades. E a gente está aqui pra receber toda essa informação desagradável. E o cliente vai se aliviar conosco. Ele chega com um monte de problemas e ele vai jogar todas essas informações terríveis para nós e nós vamos amenizar a cabeça dele, no sentido de trilhar um caminho mais suave pra alcançar uma solução mais rápida e eficaz e, assim, contornar o problema. Então você pega muita informação que desgasta muito, pesa. Se você começa a matutar, fica louco com tanta coisa: o outro passou para trás, outra está precisando de um benefício, ficou viúva, com cinco filhos e a Previdência negou benefício a ela. Então você tem que atender, tem que aprender a dominar isso com uma válvula de escape.

"A minha... Tem muitos que vão andar a cavalo, outros andam de bicicleta, outros vão correr, outros andam de jipe, que eu também gosto, eu ando de jipe. Mas o meu *hobby* predileto, vamos dizer assim, que além de ser um *hobby* não me onera, tem de ver isso também [...], me diverte e me dá um retorno. Traz uma compensaçãozinha também. E outra, traz uma segurança, pois além disso nós não somos remunerados por ninguém, somos profissionais liberais. Temos uma carteira que tem mês que tem, tem mês que não tem. Tem mês que você tem um faturamento, depois você fica três meses no vermelho. Tem que ter alguma coisa, uma contrapartida, que ajuda eventualmente em uma situação de vacas magras. Eu optei por essa, que, além de te dar um retorno, é uma forma de fugir dessas atribulações que esgotam."

▶ Comentário final

"Não vejo nada de muito excepcional na minha história. Vejo que tem de ter uma força de vontade muito grande. Graças a esse empenho e o auxílio muito grande da família, que é indispensável... Penso que a base de qualquer cidadão esclarecido é uma boa família. A conclusão que nós tiramos desse relato é que foi difícil, mas se eu tivesse de fazer de novo faria da mesma forma. Claro que com a cabeça que nós temos hoje eventualmente teríamos condições de evitar muitos erros, afinal ninguém acerta tudo.

"O indivíduo tem de experimentar na vida dele. A vida é cheia de experimentos, se você não faz, vai se arrepender no futuro. Apareceu a oportunidade, experimente. É muito importante o indivíduo experimentar. Ele tem de conhecer, precisa provar das coisas. Ainda mais nós que temos o privilégio de viver num país de dimensões continentais. Você deve eventualmente viajar, se puder, conhecer. Como eu já tive oportunidade de viajar neste país, não como eu queria, pretendo viajar mais... Você verifica que é um povo muito bom, você tem muitas culturas, muitos valores agregados. Com isso a pessoa amadurece, cresce muito. Então você passa a visualizar a vida e o semelhante com outros olhos. Se a pessoa fica muito parada, ela vai parar em tudo também, vai achar dificuldade em tudo.

"Foi uma trajetória da qual eu não me arrependo, me sinto bem da forma como eu conduzi até agora. Pretendo melhorar mais. E acho que a vida não pode ser levada de uma forma muito rotineira, tem aquela rotina que precisa ser seguida, lógico, mas você tem que ser versátil. Ainda mais no Brasil [...] que você está numa montanha-russa. De repente o que foi bom há seis anos hoje não presta. O que está prestando hoje pode não servir amanhã. O que não presta hoje amanhã pode ser um excelente negócio. Você tem que estar sempre sendo versátil desse lado. No momento que você não está se sentindo bem com o que está fazendo, procura fazer outra coisa. Não é porque você se comprometeu com a sociedade a ter uma profissão, a ocupar uma posição social por *status* ou por imposição da família que você vai ter que se submeter ou se sujeitar a isso. E antes de mais nada, tentar conciliar o útil com o agradável: o curso que você queira fazer e que te dê prazer depois em praticar, em atuar. Optar por fazer uma coisa que te dê prazer [...]. Não tem nada pior na vida do indivíduo do que fazer uma coisa por obrigação. Se é por obrigação, já perde o sincronismo da coisa. É isso aí."

8

Análise da segunda entrevista

Helton inicia a entrevista relatando a pretensão que tinha na infância de ser um juiz, construindo uma série de imagens idealizadas a respeito dessa profissão: *"Eu achava bonito aquela mesona grande, aquela cadeira alta. Lá em cima, olhando tudo do alto"*. Essa atração, apesar de ser abandonada posteriormente, é compartilhada com a mãe e a avó, pessoas que significavam muito para ele.

Quando chega o momento instituído para realizar a escolha propriamente dita, Helton nos relata certo incômodo diante da necessidade de tomar esta decisão, chegando a denominá-la *"via-crúcis da escolha da profissão"*. Ante a dúvida sobre o que fazer, pensa em pedir ajuda a um profissional, mas recua e começa a pensar por si só na questão, tomando como referência sua história de vida e suas preferências. Não é possível saber por seu relato como a necessidade da escolha profissional lhe foi colocada. O fato é que ele a acolhe e passa a procurar opções por algo com o que considera ter alguma afinidade. Podemos notar que a família, não apenas nuclear, como também os avós e os tios, esteve presente e atuante em suas escolhas. Assim, na tentativa de definir um curso superior, Helton traça duas direções sucessivas e em ambas mantém-se ligado à história familiar, sendo este um atravessamento significativo em sua trajetória profissional.

Primeiramente, vislumbra o curso de Engenharia Mecânica e considera esta profissão muito ligada à história de vida familiar, na qual pai, tios e avós mantinham uma atividade em comum como motoristas de caminhão. Relata então: *"Em casa sempre teve caminhão do meu pai, dos meus avós, e eu sempre gostei muito"*. É como se, ao vivenciar a dúvida, ele se desse conta de que poderia estar vinculado a esta tradição familiar, trabalhando como engenheiro mecânico.

Entretanto, diante da experiência de certa solidão e distância da família vividas durante o vestibular, Helton constrói um discurso pelo qual descarta qualquer possibilidade de morar longe dos pais, traduzindo essa experiência como *"violenta"*. Sobre isso conta: *...eu fiquei meio arredio à questão de ficar longe de casa"*. Colocamos a justificativa da distância da família em suspenso, visto que ela será acolhida logo em seguida. De qualquer maneira, a experiência do primeiro vestibular foi marcada por um distanciamento da forma de vida que ele levava até então. Quando Helton se aproxima de um cotidiano diferente do seu, que é aquele vivido pelo universitário, recusa-o imediatamente e, para isso, continua afirmando sua dúvida.

Ainda pensando na possibilidade de entrar para a universidade, mas procurando alternativas para ficar mais próximo de casa, ele estuda outra opção, o curso de Agronomia, considerando que a atividade de agrônomo, a seu ver, também está muito ligada à sua história familiar: *"Desde que me conheço por gente meu avô tinha propriedade, meu pai teve e tem. Então vamos mexer com roça"*. Entretanto, apesar de lhe ser possível realizar este curso, também acaba recuando.

Podemos considerar que nesse momento de decisão algumas forças se fazem presentes, destacando-se aquelas que estão ligadas ao investimento de uma carreira universitária e as que apontam para a inserção no trabalho de modo mais imediato e condizente com a tradição da família de caminhoneiros. Nesse embate, o curso superior aparece como uma opção que mudaria completamente o modo de vida que ele levava até então. Diante da possibilidade dessa mudança, Helton continua afirmando a dúvida quando relata: *"Se bem que eu estava naquela transição que você não sabe muito bem o que quer"*. Podemos até dizer que, de certa maneira, ele sabe o que *não* quer: parar nesse momento de sua vida para cursar a universidade e se comprometer com uma profissão específica. Ele chega a assumir esta posição quando comenta: *"Mas eu queria mesmo... Eu queria dar uma zoada"*.

Por meio da dúvida e das tentativas do vestibular que não deram certo, Helton adia sua entrada na universidade e consegue negociar com o pai sobre aquilo que já sabia, ou seja, que queria experimentar a vida de outra forma, antes de entrar para a universidade: *"Então falei com meu pai e ele disse: 'Você quer experimentar a estrada, vai para a estrada, vai trabalhar'"*. Vale ressaltar que a família guardava uma proximidade grande com essa atividade, sendo sua decisão aprovada sem maiores dificuldades.

Quando inicia sua atividade profissional como caminhoneiro, encontramos uma mudança nas correlações de forças, ou seja, a distância da família, que anteriormente servira como justificativa para adiar o vínculo com a universidade, deixa de ser obstáculo, transmuda-se e passa a ser condição para afirmar a atividade profissional de caminhoneiro.

Por intermédio de um tio surge a proposta de prestar um concurso para entrar em um curso técnico preparatório que lhe possibilitaria trabalhar futuramente na Usina de Itaipu. Esta nova possibilidade profissional, ao que parece, surge do acaso, e Helton, mesmo sem conhecer as implicações desse convite, aceita a proposta e empenha-se para conquistar uma vaga. Podemos dizer que o acaso somado a uma tendência de Helton para experimentar o que lhe aparece como oportunidade de trabalho, sem necessariamente ter conhecimento sobre a atividade profissional em questão, parecem ser características dominantes em suas primeiras escolhas. Com isso suas decisões são tomadas a partir de indícios muito vagos, mais familiares do que próprios. Daí talvez a necessidade de uma trajetória com diferentes experimentações, com idas e vindas, as quais foram condição para que ele conseguisse estabelecer um contato maior com o seu próprio desejo, como veremos posteriormente.

Ao ser aprovado no concurso e iniciar o curso, Helton sabe que sua formação comportará um trânsito por diferentes cidades, requisito que aceita com agrado e faz questão de relatar: *"Então fiz esse curso, estagiei em Minas, Piraci, depois fui pra Itumbiara fazer mais uma etapa do estágio. Morei em Itumbiara mais alguns meses. E no final eu fui pra Assunção, que seria a última fase pra conhecer o sistema elétrico do Paraguai"*. Podemos considerar que, nesse percurso de formação, já é possível construir uma idéia do que seria sua atividade como profissional nessa área. Entretanto, parece-nos que o que se configurava como mais forte nesse momento era justamente o processo, o trânsito pelas cidades e as diferentes experiências que ele foi vivendo durante a formação técnica. Ele conta: *"...quando eu fiz esses estágios, aí era bom, eu era bem remunerado, era pago pra estudar, tinha alguns privi-*

légios, gostava até então". Helton conseguiu agregar vários benefícios, por meio dos quais não ficava preso em um único lugar e tinha independência financeira. Assim, ele vai construindo uma maneira de se vincular à profissão, na qual experimentar acaba sendo mais relevante do que o resultado final de estar qualificado e de ter uma estabilidade de emprego.

Entretanto, quando o processo de formação termina, Helton se depara com uma realidade diferente daquela vivida até então, que comportava uma flexibilidade maior. No universo de trabalho da Itaipu, encontra rotinas, horários e tarefas mais rígidos, bem como um local de trabalho fixo. Ante esse cenário, sua reação é imediata e ele novamente recua. Nessa atitude, podemos considerar que Helton resiste às condições de trabalho com as quais se depara e que possivelmente iriam culminar com um seqüestro do seu tempo e de sua energia.

Por outro lado, vemos que a atividade realizada com o caminhão também favorecia esse seqüestro para o trabalho. Mas consideramos que, talvez no trabalho como caminhoneiro, ele tenha construído a idéia de que ser responsável individualmente pelo seu próprio desempenho e pelo planejamento de suas atividades fosse uma maneira de ficar mais próximo do que ele denominou *"liberdade".* Ao iniciar seu trabalho na Itaipu, Helton se dá conta do quanto estava se distanciando de um projeto de vida mais aberto e flexível. Diante disso, sente a necessidade de resistir e de buscar outras alternativas, mesmo que isso implique abandonar o que já havia conquistado e recomeçar uma nova carreira. De qualquer forma, o trabalho na Itaipu ajudou Helton a colocar-se mais próximo de seu desejo e de construir uma maneira particular de se vincular à profissão. Levantamos essa suposição a partir dos argumentos por ele elaborados e que podem ser entendidos como forças que o ajudam a escapar desse trabalho. Vejamos quais são eles.

Helton fala primeiramente de sua reação orgânica aos horários de trabalho e à definição de escalas, ambos rígidos. Diante deles, comenta: *"Então era um ciclo em que você não tem sábado, não tem domingo, não tem feriado, não tem ano novo. Está sempre trabalhando. E o meu metabolismo ficou meio confuso".* A rigidez dos turnos de trabalho o desautorizava a estar à frente do planejamento de seu cotidiano, demandando, assim, um corpo adaptável àquilo que havia sido definido como norma por outro, a fim de manter o bom funcionamento da empresa. Sobre isso comenta: *"Então comecei a pensar: isso não é legal".* Ante essa situação, busca envolver-se com os movimentos sociais no intuito de mudar a situação dos funcionários. As mudanças acabam sendo implantadas posteriormente. Entretanto, não é apenas por causa dos horários de trabalho que Helton busca livrar-se dessa atividade. E continua sua argumentação.

O segundo ponto levantado se refere à natureza do trabalho propriamente dita: *"...depois de verificar o que é esta parte técnica, conhecer a função técnica de uma pessoa com conhecimento médio, que seria minha parte [...] então eu já me desencantei".* Podemos considerar que o desencanto torna-se mais evidente quando ele começa a se dar conta da atividade mecânica e repetitiva que deveria realizar e diante da qual não se sentia desafiado ou convocado a fazer algo diferente.

Nesse momento do relato podemos perceber que a escolha pela Itaipu guardava uma afinidade com as expectativas que ele havia construído sobre a profissão de Engenharia Mecânica. Entretanto, quando toma contato mais direto com essa profissão, relata o seu mal-estar: *"Então eu observei e percebi o que era realmente a parte técnica e funcional e a aplicação da profissão de engenheiro, certo? Aí me desiludi porque eu tinha outra visão".* Essa desilusão acontece quando Helton constata que tanto ele, como operário, quanto o engenheiro, representante do *"alto escalão",* estavam submetidos às n.esmas condições rígidas de trabalho. Helton havia construído uma expectativa idealizada para a Engenharia e quando esta perde a consistência sua função como operário ligado à área também não faz mais sentido. Essa quebra da idealização também o leva a abandonar o trabalho na Itaipu.

Para que isso se efetive, Helton começa a considerar o quanto sua vida perdeu a suposta *"liberdade"* que ele buscara até então. Nesse sentido, comenta: *"Aí me despertou, nesse período que eu estava em Foz, trabalhando na usina, que eu iria permanecer ali o resto da minha vida se eu continuasse naquela função".* Mesmo porque mudar de função requeria, nesse caso, o curso superior que a própria rotina de horários inviabilizava. Além disso já havia constatado que o fato de ser engenheiro não o isentava das condições de trabalho que encontrava ali e das quais tentava escapar.

Um terceiro argumento levantado para se distanciar da usina diz respeito ao desvio de função a que é submetido e diante do qual não encontrava muita possibilidade de mudança. Ele relata: *"Então ficamos ali submissos à condição de que, como não tinha o serviço propria-*

mente técnico da área de geração, colocaram a gente pra trabalhar em apertar botão, pra ligar e desligar bomba". Assim, além de não poder gozar de sua *"liberdade"* porque os horários de trabalho eram rígidos, também era solicitado a realizar uma atividade que estava aquém de seu preparo técnico, fato que aumentou sua insatisfação.

Podemos considerar que várias forças colaboraram para aumentar o seu mal-estar e, diante disso, Helton acaba deflagrando uma luta para resistir àquela forma de trabalho. Essas forças vão se tornando cada vez mais consistentes, a ponto de a estabilidade de emprego, muito valorizada naquela época, não ser relevante o suficiente para mantê-lo ligado a esse cargo, cuja conquista implicou um investimento significativo. Além disso, precisa lutar também contra as expectativas recorrentemente colocadas sobre a trajetória profissional que havia realizado até então e comenta: *"Na época ninguém pensava que um funcionário do Banco do Brasil ou da Eletrobrás sairia. Só se pedisse, como eu fiz. E ainda muita gente falou: 'mas você é louco!'."* Apesar de se deparar com diversos discursos que priorizavam a estabilidade, ele consegue manter seu projeto de experimentar outra área, comentando: *"Mas mesmo assim eu peitei e falei: 'Vou enfrentar tudo, optei por isso, agora tenho que ir até o fim'".*

Ao mudar sua trajetória de vida profissional, saindo da Itaipu, Helton se depara também com novas mudanças nas correlações de forças e, diante delas, passa a construir um novo estilo de vida, que comporta agora certo nível de dependência da família, o retorno aos estudos, em nível universitário, e a necessidade de realizar pequenos trabalhos para suprir suas despesas.

Nesse momento ele retoma a possibilidade até então adiada de iniciar um curso universitário e vislumbra o curso de Direito, criando sobre ele algumas expectativas: *"Direito é mais abrangente, no Direito o horizonte é muito vasto, eu vou ter a minha liberdade".* Como dito no início, a sensação de liberdade é algo muito valorizado por Helton, que passa a considerar que esta pode ser conquistada com a advocacia.

Já pudemos constatar que o atravessamento familiar está muito presente na trajetória profissional de Helton. Quando relata as dificuldades de deixar a Itaipu e iniciar o curso superior, ele se lembra da opinião do avô em relação às decisões a serem tomadas na vida. Para o avô: *"Quando você faz a opção por um caminho, você não pode nem pensar em voltar pra saber o que tinha no outro, você optou por aquele, não tem volta".* Mesmo tendo o avô como uma referência, que nessa lembrança aponta para uma regra mais rígida com respeito às decisões, ele deixa de cumprir as suas recomendações. Assim, não se compromete com um único caminho a ser seguido e com isso não sente problema nenhum em retornar e rever as possibilidades que deixou para trás.

Nesse sentido, busca desligar-se da Itaipu de maneira diplomática, pois caso haja necessidade, sente-se à vontade para retornar àquele trabalho. Além disso, envereda pelo caminho da universidade que antes o atraíra. Assim, não se deixando envolver pela regra do avô, torna-se capaz de manter-se aberto ao jogo de forças que se lhe apresenta, mesmo que isso possa culminar com a retomada de uma possibilidade anteriormente abandonada. Podemos considerar que Helton apresenta uma tendência em manter-se em aberto no que se refere à profissão: *"Depois que eu terminar o meu curso vou voltar a dirigir caminhão? Não sei. Vou montar uma padaria? Não sei".* Sua tendência é manter suspensas todas as atividades que já experimentou, como possibilidades que podem vir a ser retomadas, bem como estar aberto para novas experiências. Dessa forma, podemos perceber que ele vai construindo um leque mais amplo de possibilidades profissionais e a isso não atribui um valor moral negativo, chegando a considerar sua atitude *"uma vantagem".*

Quando inicia o curso de Direito, consegue, em certa medida, voltar a planejar o seu tempo e o seu trabalho. Com isso retoma a atividade anterior com as viagens de caminhão a fim de ajudar nas suas despesas, mas também como forma de continuar vinculado a um trabalho que é tradicional em sua família. Relata então as diferentes experiências vividas no decorrer do curso universitário e, mesmo quando fala das experiências mais adversas, como a perda do caminhão, as dificuldades em conseguir estágios e o trancamento de matrícula na universidade, sua tendência é de buscar formas de contornar o mais rápido possível essas situações, e o faz depositando um crédito significativo em seu esforço pessoal. Acolher as adversidades e lutar para superá-las faz parte da maneira como ele vai construindo seu modo de vida. Podemos perceber isso quando, ante uma situação adversa, ele comenta: *"Era uma opção que a gente tinha feito de investimento; se deu errado, vamos começar de novo. Fazer o quê? Perdeu, a vida continua, temos saúde, vamos lá".* Além disso, não é por ter vivido uma situação mais complicada que ele deixa de correr os riscos que se lhe apresentam.

Helton conta então as dificuldades encontradas para iniciar o exercício da nova profissão e percebe que há uma distância entre o sonho construído antes de iniciar a faculdade (sonho construído a partir de suas idealizações e das idealizações produzidas pelo próprio mercado de trabalho acerca das profissões) e a realidade de trabalho encontrada na área do Direito. Nesse sentido, constata: *"Saí da faculdade, sou bacharel, entendo um pouco o que está no código, mas não sei advogar. Vou ter de aprender isso na prática [...]. Aquele sonho acadêmico não vai se concluir nunca"*. Quando se dá conta disso, começa a aproveitar as possibilidades de trabalho que aparecem, passando a experimentar de fato o que é ser um advogado. Nesse momento encontramos novamente o atravessamento familiar, que aparece por meio da cobrança pelo abandono das atividades com o caminhão e com a roça, em favor da dedicação à sua nova profissão.

Até este momento do relato, a trajetória profissional de Helton foi realizada por diferentes atividades, as quais foram sendo experimentadas durante um período de tempo mais breve. Para o Direito, que exerce até hoje, vem dedicando onze anos de sua vida, ou seja, é o maior espaço de tempo que ele investe numa mesma atividade. Podemos considerar que não é pelo fato de estar mais aberto à ação das forças na profissão que Helton deixa de estabelecer um vínculo efetivo com o trabalho. As forças nesse caso se compõem em diferentes atividades profissionais. O Direito, como mais uma dessas composições, é afirmado por um período de tempo maior.

Apesar de serem encontradas várias adversidades no exercício do Direito, como a lentidão da justiça, a concorrência e o baixo retorno financeiro, acreditamos que algumas forças sustentaram esse território profissional fazendo-o manter uma consistência. Passamos então a considerá-las.

Helton demonstra ter um apreço significativo por seus clientes comentando: *"Porque é uma satisfação pessoal você resolver. Você resolveu para a família, amparou um ente, seja um filho, seja uma esposa"*. Talvez aqui possamos considerar que seja esse contato com diferentes pessoas e histórias o que lhe possibilita reconhecer, no atual trabalho, um desafio permanentemente colocado a cada novo cliente que o procura. Como advogado, ele é convocado a intervir em situações diferentes e buscar soluções específicas a cada caso atendido. Assim, mesmo estando subordinado ao sistema judiciário, consegue extrair da profissão algo que o tira da rotina.

VIDA E PROFISSÃO – CARTOGRAFANDO TRAJETÓRIAS | 135

Podemos notar também o valor que Helton deposita no caráter em aberto e processual da vida, não se orientando exclusivamente pelo resultado final a ser alcançado. Nesse sentido, ele comenta: *"Agora, é vantagem você ter um pouco mais de vivência. Perde-se um pouco de tempo na forma como eu concluí o curso superior, eu atrasei praticamente dois anos e meio. Em contrapartida, vejo que isso não foi um atraso. Foi um ganho porque você cresce como pessoa, como indivíduo, quando consegue visualizar o que é o mundo".* Para Helton a formação que lhe deu condições de trabalho não foi dada apenas pela universidade, mas também pelas experimentações realizadas nas outras atividades profissionais, nas viagens para diferentes localidades do país e no contato com outros profissionais.

Com isso, ele vive a profissão de uma maneira menos absoluta, menos rígida: *"Você já viveu outras atividades, sabe que vai poder exercer uma nova atividade ou voltar à anterior".* Vale ressaltar que toda essa experiência diversificada vivida por Helton em nenhum momento é vista como um fracasso ou mesmo dá margem para uma desqualificação das atividades anteriormente realizadas. Talvez possamos dizer que, ao construir um modo de vida menos rígido e mais voltado para a experimentação, ele se mantenha próximo da condição histórica dos territórios profissionais e, justamente por isso, em diferentes momentos, tenha conseguido colocar aquilo que era mais adverso a seu favor: *"Romance é bonito, mas infelizmente a vida real tem espinhos, ela não é só rosas".* Vemos que as idealizações não deixam de ser construídas, mas quando estas desmoronam, sua tendência é afirmar a vida bem como o embate entre as forças.

Quando perguntado se, ao iniciar sua carreira como advogado, deixou de realizar as outras atividades com o caminhão e a roça, Helton fala do modo como vem construindo sua trajetória: *"Então continuo hoje mexendo, em paralelo... Como eu disse, por eu ter traçado esse perfil na minha vida, não sei se estou certo ou errado, mas tem que ver o lado de não desanimar".* Novamente podemos ver confirmada a sua tendência em atribuir ao seu desempenho individual a superação das dificuldades profissionais que se apresentam. Para isso constrói o que denomina *"perfil"* e que poderíamos chamar também de um modo singular de construir o vínculo com a profissão por meio do qual busca transitar entre diferentes atividades.

Talvez seja justamente aí que Helton nos apresente o modo como ele se vincula à profissão: *"Você tem que fazer um pouco do que gosta.*

Não que eu não goste do que eu faço, gosto. Mas de repente você tem uma paixãozinha a mais por uma coisa que te dê mais liberdade". Podemos dizer que ele até aceita ser capturado pelo mundo do trabalho desde que encontre nessa atividade espaços para escapar das rotinas e do espaço físico fixo, como, por exemplo, o escritório. Nesse sentido, comenta: *"Eu gosto de liberdade [...] Se eu ficar aqui dentro do escritório eu não agüento, eu tenho que sair. Eu saio mesmo, pois tem dia que tenho que atender fora, vou pra Califórnia, tenho que ir à Prefeitura, ao* INSS *ver processo. Eu estou muito em trânsito".* Assim, Helton constrói uma forma mais flexível de trabalho, tanto no exercício do Direito, convivendo com diferentes localidades e pessoas, quanto no vínculo que até hoje mantém com a área rural.

Ao construir uma forma de vida que lhe permite estar próximo daquilo que chama de *"liberdade"*, Helton valoriza a sua trajetória profissional: *"E de fato eu tenho obtido êxito nessa maneira de tratar minha profissão".* Podemos considerar que este *"êxito"* está justamente na dinâmica que construiu para o seu trabalho, por intermédio da qual consegue planejar suas atividades de modo a, quando deseja, poder escapar das rotinas e do próprio local de trabalho, envolvendo-se então com outras atividades.

Helton afirma que a atividade do campo serve também como um suporte econômico, visto que é um profissional liberal. Entretanto, a nosso ver este vínculo com o campo serve bem mais como uma escapatória, pela qual busca manter-se próximo daquilo que se configura como mais importante em sua trajetória: a imagem de liberdade. Nesse sentido, comenta: *"No fim da tarde você dá uma escapadinha, vai ver como estão as coisas por lá, como estão os bichos. Então você desliga, é algo com que você dá uma relaxada pra não ficar tão sobrecarregado com o cotidiano".* Consideramos essa possibilidade de escapatória uma das forças que o mantém ligado à atividade de advogado.

Em seu comentário final, Helton reforça a importância que atribui à família e a toda participação que ela teve em sua trajetória profissional. Mas vale ressaltar que esse atravessamento é acolhido de diferentes formas, buscando em várias situações fazer com que a opinião da família se reverta a seu favor e, em outras ocasiões, resistindo às suas opiniões. Ao resistir, pode reconhecer-se como diferente da tradição familiar e assim cria outras formas de lidar com sua trajetória.

Encontramos nesta entrevista uma tendência para afirmar a vida com o que ela teve até este momento, inclusive o adverso. E podemos perceber isso no seguinte comentário: *"A conclusão que nós tiramos desse relato é que foi difícil, mas se eu tivesse que fazer tudo de novo faria da mesma forma".* Parece-nos que a maneira como Helton constrói sua trajetória profissional é atravessada pela idéia de que, para conquistar algo na vida, é preciso trabalhar muito. E ele acaba tomando esta constatação como norteadora para otimizar o seu esforço individual. Em sua concepção, porém, trabalhar não significa submeter-se passivamente ao que aparece como expectativa ou regra colocadas por outrem. Sobre isso, comenta: *"Não é porque você se comprometeu com a sociedade a ter uma profissão, a ocupar uma posição social por* status *ou por imposição da família que você vai ter que se submeter ou se sujeitar a isso".* Assim, mesmo estando capturado pelo mundo do trabalho, ele não deixa de batalhar pelo que considera ser uma *"liberdade".*

O que se destaca em toda entrevista e especialmente na sua conclusão é que Helton não considera ter chegado a um ponto final de sua trajetória profissional. Ao contrário, seu maior investimento desejante está em poder transitar entre as possibilidades que aparecem, desde aquelas que já realizou até as que ainda poderá vir a experimentar, tendendo a construir então uma trajetória aberta para a ação das forças. Nesse sentido, conclui: *"Foi uma trajetória da qual eu não me arrependo, me sinto bem da forma como eu conduzi até agora. Pretendo melhorar mais".*

Conclusão

O percurso teórico aqui realizado bem como a coleta de dados buscaram considerar a possibilidade de fazer das trajetórias de vida, que também passam pela profissão, uma obra artística. A partir de agora podemos delinear alguns pontos que servirão como conclusão parcial deste estudo.

A sociedade de controle faz, como diferencial em relação à sociedade disciplinar, justamente a tentativa de se ocupar da vida humana em suas múltiplas dimensões, utilizando-se para isso de diferentes dispositivos e agentes de controle espalhados por todo o campo social. Essa estratégia é utilizada a fim de tomar a vida como objeto de investigação para a produção de diversos saberes que possam posteriormente reverter-se em novas formas de controle social à medida que se reproduzem. Ao produzirem essas redes de poder-saber na contemporaneidade, certas dimensões da vida, até então não empregadas para promover o seqüestro para o trabalho, passam a ganhar destaque, sendo no caso a subjetividade e o desejo.

Nesse sentido, a nosso ver toda problematização acerca das profissões demanda uma análise dessa rede de controle articulada e flexível que ora atravessa as trajetórias profissionais. Quando esse complexo entrecruzamento de instituições, agentes e dispositivos de controle não é considerado, corre-se o risco de tomar a questão profissional em sua vertente mais ilusória, qual seja, a da escolha supostamente livre e duradoura para toda a vida.

A liberdade de escolha atribuída a jovens e adultos no que diz respeito à profissão está diretamente ligada à noção de sujeito individual que, como vimos, foi sendo consolidada no decorrer da história e ainda hoje serve como forma de controle. Apesar das diversas transformações que essa noção sofreu, o que continua lhe dando sustentação é a unidade e a consciência que são atribuídas ao indivíduo e o tornam assim responsável por suas decisões. Nessa concepção, o indivíduo é aquele que escolhe e com isso pode ser identificado por aquilo que faz. A identidade profissional, resultante da escolha supostamente bem-feita, torna-se então uma categoria de reconhecimento e de confirmação da unidade do sujeito.

O que queremos destacar aqui é a necessidade de desconstruir esta concepção de escolha profissional voltada para uma decisão rígida e definitiva, a fim de considerá-la um processo múltiplo e diversificado que vai sendo construído durante toda a trajetória de vida. Nessa perspectiva, que encara a subjetividade como uma construção em aberto, não podemos tomar o indivíduo como uma unidade ou como portador de uma identidade. Temos, outrossim, um sujeito cindido, múltiplo e submetido ao jogo das forças.

Podemos dizer então que, sendo a identidade profissional tão valorizada em nossa sociedade, a dúvida e as mudanças de trajetórias podem servir como uma estratégia de resistência às formas de seqüestro que a sociedade de controle tenta operar na vida de jovens e adultos. A nosso ver, o valor atribuído à escolha profissional pela definição de uma identidade que a sustente serve para acalmar e para calar o dinamismo da luta entre as forças presentes nas trajetórias profissionais. Assim, quando a dúvida passa a ser desqualificada e vista como um problema a ser superado pela definição de uma identidade profissional, a singularização, como forma de resistência e de criação, é afastada, inviabilizando uma trajetória que poderia compor-se como um campo de experimentação e expansão da vida profissional.

Dessa forma, a noção de singularização torna-se relevante para o entendimento do vínculo com a profissão. Singularizar é estar aberto à ação das forças em luta, fazendo da profissão uma experimentação. Isso não quer dizer que, uma vez aberto para acolher a ação das forças, o indivíduo esteja descomprometido com o mundo do trabalho, nem mesmo que ele "não vai dar certo na vida". Acompanhamos esta situação de perto pelas trajetórias relatadas nas entrevistas. Pudemos perceber que a ação das forças não cessa seus embates, compondo e recompondo o vínculo com a profissão em territórios extensivos e intensivos que conferem a essa experimentação contornos de criação. Tanto Marco quanto Helton buscam construir para si diferentes territórios profissionais e, de maneiras distintas, se deparam com novas correlações de forças, que deram outras direções a suas trajetórias de vida.

Vale ressaltar que a singularização na profissão não acompanha a temporalidade e a duração instituídas para a escolha da profissão, ou seja, apesar das expectativas apresentadas a jovens e adultos quanto à definição de seu futuro profissional, um território intensivo, que envolve os afetos e o investimento desejante, pode, por vezes, demorar anos para ser construído e ainda assim não possuir garantias de permanência. Este foi o caso de Marco, que chegou a concluir uma graduação, especializou-se e, justamente a partir de todo esse percurso de experimentação, pôde reconhecer a música como um território profissional possível.

Assim, fazer com que a velocidade da produção singular dos territórios profissionais coincida com a velocidade de inserção no trabalho definida pelas leis de mercado é um projeto que, a nosso ver, aborta a experimentação e a criação da profissão como uma obra artística.

O profissional que se propõe a acompanhar jovens e adultos no que diz respeito a suas escolhas profissionais faz de sua prática um exercício político, visto que o tempo todo ele precisa posicionar-se diante do cenário que procuramos caracterizar como sociedade de controle. Assim cabe questionar se esta prática profissional, principalmente de psicólogos e pedagogos, está relacionada exclusivamente às leis que movimentam o mercado de trabalho, servindo como facilitadora da inserção do indivíduo neste universo, ou se tal prática é capaz de firmar uma aliança com os processos de singularização, que priorizam a experimentação das múltiplas intensidades e da própria dúvida. Este posicionamento político do profissional tem implicações diretas nos rumos que a sociedade vem tomando no que se refere ao futuro profissional de jovens e de adultos.

Nos últimos anos houve um crescimento da demanda por um trabalho denominado *orientação profissional*. Em grande parte dos casos o trabalho em orientação profissional está diretamente vinculado à noção de identidade profissional e seu objetivo maior volta-se para a efetuação da decisão propriamente dita. Esses trabalhos nos causam certo mal-estar, a começar pela maneira como são denominados. Se partimos da perspectiva de que o vínculo com a profissão é histórico, mutáve! e se constrói de maneira singular, ou seja, pelo investimento desejante e afetivo, bem como pela produção de sentido, como ele pode ser orientado? A palavra "orientação" pode ser entendida como direção, guia, regra ou indicação. Qualquer um desses termos pressupõe que o profissional que assume esta posição possua um conhecimento prévio sobre o que ele vai orientar. E de fato ele possui, na medida em que acumula diversas informações sobre as profissões, as quais sem dúvida são de grande importância. Entretanto, consideramos que, sendo a singularização uma forma de criação, não é possível ter sobre ela qualquer conhecimento prévio que possibilite uma orientação.

Outra consideração a ser feita é que as profissões, definidas por suas áreas de conhecimento, por seus objetos de estudo e por suas formas de intervenção, não possuem, *a priori*, um sentido que seria "incorporado" pelo sujeito que a escolhe. Por vezes, alguns trabalhos na área de orientação profissional idealizam a escolha profissional bemsucedida, destacando a necessidade da busca do equilíbrio e da satisfação pessoal. Estes seriam supostamente alcançados desde que a escolha fosse realizada de maneira correta.

Sendo assim, questionamos: quem tem condições de definir o que é "correto" e o que é "errado" num processo de construção do vínculo com a profissão? É possível reduzir a singularização a esse tipo de avaliação moral? Não seria esse julgamento mais um dispositivo de controle que pretende consolidar a noção de escolha livre e assim responsabilizar o indivíduo por suas decisões e por seus supostos erros?

Ao mesmo tempo, precisamos reconhecer que, se essa demanda por um trabalho que ajude jovens e adultos a se vincular às profissões é crescente, não podemos deixá-la de lado pelo fato de sabermos que ela está diretamente vinculada às estratégias de controle operadas sobre o indivíduo. A questão que se coloca então é: como levantar alternativas de intervenção nesta área sem necessariamente ir de encontro aos objetivos da sociedade de controle voltados para a consolidação de uma identidade profissional?

A nosso ver, uma prática possível tem necessariamente de partir de uma posição política, mas também ética, comprometida com a potencialização da vida. Para isso, caberia ao profissional (ou, de forma mais específica, ao cartógrafo) ajudar o indivíduo a entrar em contato, de maneira efetiva, com os múltiplos aspectos (múltiplas forças) presentes não apenas em uma escolha, mas na trajetória de construção do vínculo com o trabalho, de maneira que esse vínculo possa ser analisado considerando sua historicidade, sua dimensão de inacabamento e sua dimensão criadora.

Assim, ao trabalho clínico seria acrescido um trabalho crítico e, com ambos, seria possível analisar tanto o funcionamento da sociedade de controle quanto seus efeitos sobre o cotidiano da sociedade. Nesse caso, o próprio indivíduo, com suas dúvidas, poderia exercitar um posicionamento político diante desses atravessamentos e experimentar esse processo não como prioritário para uma decisão, mas como o início de um vínculo que, no decorrer de sua construção, passará por diversas transformações conforme for sendo vivido.

Isso posto, o indivíduo aos poucos se aproximaria da prática do cartógrafo, colocando-se mais em contato com o próprio desejo, com os movimentos da paisagem subjetiva, bem como com as transformações da paisagem social, podendo então reconhecer-se como agente criador de si e da profissão.

Nessa perspectiva, definir uma profissão e investir na formação que capacita o indivíduo a exercitá-la não equivale a fazer uma mera escolha e uma qualificação técnica, mas implica, outrossim, a construção de um modo de vida que não irá consolidar-se necessariamente em um único território, visto que este também é histórico e, portanto, finito. Lidar com essa finitude, em vez de congelar esse dinamismo em uma identidade bem estabelecida, constitui o desafio permanentemente colocado para a existência.

Quando se estabelece uma aliança com a produção da diferença e do devir por meio da singularização, é possível reconhecer que o exercício profissional ajuda a compor algo bem mais amplo, as trajetórias de vida. Estas envolvem uma multiplicidade de dimensões irredutíveis ao vínculo com o trabalho. Considerar a escolha profissional como algo desconectado da vida que estava sendo levada até então é privilegiar o trabalho acima das outras dimensões da existência.

Pudemos encontrar esse cenário no início das duas entrevistas analisadas. A escolha profissional apareceu para estes sujeitos como uma necessidade externa, trazida pelo outro e, por vezes, desconectada da história que vinha sendo vivida, causando assim um estranhamento e um mal-estar. Alguns podem dizer que a adolescência não é o melhor momento para realizar essa decisão. Entretanto, vemos nesse tipo de argumento a tendência para ter a questão profissional como algo irreversível, desconsiderando seu caráter processual em aberto e contextualizado em relação a outras dimensões da vida.

A nosso ver, um território profissional é construído a partir da produção desejante, da produção de sentido e da experimentação dos afetos vividos pelo vínculo que vai sendo estabelecido no contato com as profissões. Com isso torna-se possível construir trajetórias que não foram sequer pensadas, ou desconstruir trajetórias que já foram iniciadas, mantendo assim uma proximidade com o acaso das forças e a finitude das composições.

Assim, se existe algo que possa estabelecer uma ligação entre indivíduo e trabalho, este não é o amadurecimento de uma identidade profissional nem mesmo as expectativas socialmente colocadas. O que pode fazer esta ligação é a relação afetiva que vai sendo construída ao longo do contato com a profissão, de maneira contextualizada em relação à história de vida, possibilitando manter uma intimidade com o desejo e com a produção singular de sentido para os territórios profissionais.

Por fim, queremos destacar que estamos hoje diante de um desafio. Mais do que concentrar a atenção na necessidade de efetivar uma escolha profissional, é necessário resistir às formas de controle e, com isso, criar novas estratégias para lidar com o trabalho propriamente dito, a fim de otimizar a potencialização da vida e do devir em seu exercício cotidiano, fazendo também do vínculo com a profissão uma construção artística.

Referências bibliográficas

ARIÈS, Philippe. *História social da criança e da família*. 2. ed. Rio de Janeiro: Livros Técnicos e Científicos Editora S.A., 1981.

BAREMBLITT, Gregório. *Compêndio de análise institucional e outras correntes: teoria e prática*. 3. ed. Rio de Janeiro: Rosa dos Tempos, 1996.

BOHOSLAVSKY, Rodolfo. *Orientação vocacional: a estratégia clínica*. 8. ed. São Paulo: Martins Fontes, 1991.

DELEUZE, Gilles. *Foucault*. São Paulo: Brasiliense, 1988.

_____. *Conversações*. Rio de Janeiro: Editora 34, 1992.

_____. *Crítica e clínica*. São Paulo: Editora 34, 1997.

_____. *Diálogos*. São Paulo: Escuta, 1998.

DELEUZE, Gilles e GUATTARI, Félix. *Mil platôs – capitalismo e esquizofrenia*, vol. 4. São Paulo: Editora 34, 1997.

DONZELOT, Jacques. *A polícia das famílias*. 2. ed. Rio de Janeiro: Edições Graal, 1986.

ENRIQUEZ, Eugène [et al.]. *Psicossociologia: análise social e intervenção*. Rio de Janeiro: Ed. Vozes, 1994.

ERIKSON, Erik H. *Identidade: juventude e crise*. 2. ed. Rio de Janeiro: Guanabara, 1987.

FOUCAULT, Michel. *A verdade e as formas jurídicas*. Rio de Janeiro: Nau Editora, 1990.

_____. *Microfísica do poder*. 12. ed. Rio de Janeiro: Edições Graal, 1996.

_____. *História da sexualidade I: a vontade de saber*. 12. ed. Rio de Janeiro: Edições Graal, 1997.

_____. *Vigiar e punir: história da violência nas prisões*. 18. ed. Petrópolis: Vozes, 1998.

_____. *Em defesa da sociedade: curso no Collège de France (1975-1976)*. São Paulo: Martins Fontes, 1999.

GUATTARI, Félix e ROLNIK, Suely. *Micropolítica: cartografias do desejo*. 4. ed. Petrópolis: Vozes, 1996.

GUATTARI, Félix. *Caosmose: um novo paradigma estético*. São Paulo: Editora 34, 1998.

HARDT, Michael e NEGRI, Antonio. *Império*. Rio de Janeiro: Record, 2001.

JOLY, Fernand. *A cartografia*. Campinas: Papirus, 1990.

KALINA, Eduardo e GRYNBERG, Halina. *Aos pais de adolescentes*. Rio de Janeiro: Francisco Alves, 1985.

KNOBEL, Maurício e ABERASTURY, Arminda. *Adolescência normal*. 10. ed. Porto Alegre: Artes Médicas, 1992.

LEHMAN, Yvette Piha. O papel do orientador profissional – revisão crítica. In: BOCK, Ana Merces Bahia (org.). *A escolha profissional em questão*. São Paulo: Casa do Psicólogo, 1999.

MARTON, Scarlett. *Extravagâncias: ensaios sobre a filosofia de Nietzsche*. São Paulo: Discurso Editorial e Unijuí, 2000.

_____. *Nietzsche: das forças cósmicas aos valores humanos*. São Paulo: Brasiliense, 1990.

NAFFAH NETO, Alfredo. *Dez mandamentos para uma psicanálise trágica*. Texto apresentado na disciplina Problematizações Filosóficas da Teoria da Clínica Psicanalítica II, PUC/SP, 2001.

NIETZSCHE, Friedrich. *Obras Incompletas* – Coleção "Os Pensadores". São Paulo: Nova Cultural, 1999.

PELBART, Peter Pál. *A vertigem por um fio: políticas da subjetividade contemporânea*. São Paulo: Iluminuras, 2000.

PERES, Fumika e ROSENBURG, Cornélio P. Desvelando a concepção de adolescência/adolescente presente *no* discurso da saúde pública. In: *Saúde e Sociedade* 7(1): 53-86, 1998.

PFROMM, Samuel. *Psicologia da adolescência*. São Paulo: Pioneira, 1971.

RABINOW, Paul e DREYFUS, Hubert. *Michel Foucault, uma trajetória filosófica: para além do estruturalismo e da hermenêutica*. Rio de Janeiro: Forense Universitária, 1995.

ROLNIK, Suely. *Cartografia sentimental: transformações contemporâneas do desejo*. São Paulo: Estação Liberdade, 1989.

ROLNIK, Sueli. Uma insólita viagem à subjetividade: fronteiras com a ética e a cultura. In: LINS, Daniel S. *Cultura e subjetividade: saberes nômades*. Campinas: Papirus, 1997.

SARTI, Cynthia. Família e individualidade: um problema moderno. In: CARVALHO, Maria do Carmo. *A família contemporânea em debate*. São Paulo: Educ/Cortez, 1995.

SCHINDLER, Norbert. Os tutores da desordem: rituais de cultura juvenil nos primórdios da era moderna. In: LEVI, Giovanni e SCHMITT, Jean-Claude. *História dos jovens I: da Antiguidade à Era Moderna*. São Paulo: Companhia das Letras, 1996.

SENNET, Richard. *O declínio do homem público: as tiranias da intimidade*. São Paulo: Companhia das Letras, 1998.

Sonia Regina Vargas Mansano

Nasceu em Apucarana, estado do Paraná, em 1972. É graduada em Psicologia pela Universidade Estadual de Londrina. Especializou-se em Recursos Humanos pelo Centro Universitário Filadélfia de Londrina, tendo atuado como psicóloga do trabalho em empresas familiares de pequeno porte durante três anos. Foi docente da Faculdade Estadual de Ciências Econômicas de Apucarana. É docente do Departamento de Psicologia Social e Institucional da Universidade Estadual de Londrina, onde desenvolve atividades de ensino e extensão. Na extensão, trabalhou no Programa Pró-Egresso de Londrina, supervisionando o encaminhamento de apenados para a chamada Prestação de Serviços à Comunidade (psc). Deste projeto resultou a publicação de um capítulo sobre penas alternativas na coletânea intitulada: "Cidadania e Participação Social", pela editora Abrapso – Regional Sul, em 1999. Desde 1998 trabalha no Programa de Intervenção Psicossocial, atendendo adolescentes em prática grupal. Defendeu sua dissertação de mestrado em Psicologia Clínica no ano de 2002 pela Pontifícia Universidade Católica de São Paulo. Em 2003 iniciou o doutorado em Psicologia Clínica na mesma instituição.

Leia também

PENSANDO E VIVENDO A ORIENTAÇÃO PROFISSIONAL
Dulce Helena Penna Soares Lucchiari (org.)
Imprescindível como instrumento de trabalho para psicólogos, educadores ou mesmo para pais que desejam auxiliar seus filhos na difícil tarefa da escolha da profissão, a Orientação Profissional é tratada aqui do ponto de vista da afetividade, da criatividade e das relações com o meio social e econômico. REF. 10427.

ORIENTAÇÃO PROFISSIONAL EM AÇÃO
Formação e prática de orientadores
Marilu Diez Lisboa; Dulce Helena Penna Soares (orgs.)
As recentes transformações no mercado têm tornado valiosa a tarefa do orientador profissional como facilitador dos processos de escolha nos mais variados contextos e camadas sociais. Esta coletânea mostra as diversas alternativas da Orientação Profissional, desde o ensino fundamental e médio até a recolocação profissional. REF. 10694.

A ESCOLHA PROFISSIONAL DO JOVEM AO ADULTO
Dulce Helena Penna Soares
Uma proposta de compreensão da orientação profissional abrangendo os diversos fatores que interferem na escolha. Com base em uma sistematização de referenciais teóricos, valorizando o trabalho em grupos e a importância da realização de um projeto pessoal e social, a autora apresenta sugestões de intervenções práticas em grupo. REF: 10749.

IMPRESSO NA
sumago gráfica editorial ltda
rua itauna, 789   vila maria
02111-031   são paulo   sp
telefax 11 **6955 5636**
sumago@terra.com.br

------------- dobre aqui --------------

ISR 40-2146/83
UP AC CENTRAL
DR/São Paulo

CARTA RESPOSTA
NÃO É NECESSÁRIO SELAR

O selo será pago por

05999-999 São Paulo-SP

------------- dobre aqui --------------

-- -- -- recorte aqui -- -- -- --

VIDA E PROFISSÃO – CARTÃO DE TRAJETÓRIAS

summus editorial
CADASTRO PARA MALA-DIRETA

Recorte ou reproduza esta ficha de cadastro, envie completamente preenchida por correio ou fax, e receba informações atualizadas sobre nossos livros.

Nome:
Endereço: ☐ Res. ☐ Coml.   Empresa:
CEP: Cidade: Estado: Tel.: ( )   Bairro:
Fax: ( )   E-mail:
Profissão: Professor? ☐ Sim ☐ Não   Disciplina: Data de nascimento:

1. Você compra livros:
☐ Livrarias   ☐ Feiras
☐ Telefone   ☐ Correios
☐ Internet   ☐ Outros. Especificar:

2. Onde você comprou este livro?

3. Você busca informações para adquirir livros:
☐ Jornais   ☐ Amigos
☐ Revistas   ☐ Internet
☐ Professores   ☐ Outros. Especificar:

4. Áreas de interesse:
☐ Educação   ☐ Administração, RH
☐ Psicologia   ☐ Comunicação
☐ Corpo, Movimento, Saúde   ☐ Literatura, Poesia, Ensaios
☐ Comportamento   ☐ Viagens, Hobby, Lazer
☐ PNL (Programação Neurolingüística)

5. Nestas áreas, alguma sugestão para novos títulos?

6. Gostaria de receber o catálogo da editora? ☐ Sim ☐ Não

7. Gostaria de receber o Informativo Summus? ☐ Sim ☐ Não

Indique um amigo que gostaria de receber a nossa mala direta

Nome:
Endereço: ☐ Res. ☐ Coml.   Empresa:
CEP: Cidade: Estado: Tel.: ( )   Bairro:
Fax: ( )   E-mail:
Profissão: Professor? ☐ Sim ☐ Não   Disciplina: Data de nascimento:

summus editorial
Rua Itapicuru, 613 – 7ª andar   05006-000   São Paulo – SP   Brasil   Tel.: (11) 3872 3322   Fax (11) 3872 7476
Internet: http://www.summus.com.br   e-mail: summus@summus.com.br

cole aqui